世界戦争を仕掛ける市場の正体

グローバリズムを操る裏シナリオを読む

宮崎正弘×馬渕睦夫

ビジネス社

はじめに　世界を読み解くキーワードは「戦争」と「市場」

世界大戦争へのスイッチはもう入ってしまいました。昨年一年の一連の動きを振り返って、後世の歴史家は二〇一五年にこのスイッチが入ったと回想することでしょう。スイッチの具体例は対談で論じますが、ひとつだけあげればアメリカが中国の暴走を抑止する方針に転換したことで、世界のパワーバランスが変貌したことです。そして、いよいよ今年になって新たに世界の様々な地域で大規模な軍事衝突が顕在化すると予想されます。

歴史を見れば、戦争は決して偶然に起こるものではありません。また、指導者がうっかりしていたから起こるわけでもありません。戦争は綿密に計画された結果起こるのです。世界戦争へのスイッチが入ってしまったいま、右往左往しても始まりません。いま必要なことは、誰が戦争を計画し、何を目指しているかということを私たちが見抜くことです。彼らの謀略が知られてしまえば、謀略の効果は減殺されます。彼らがメディアを通じて私たちを日々洗脳している欺瞞に気づけば、メディアの洗脳は通じなくなります。これこそ、私たちが世界最終戦争《ハルマゲドン》を防ぐことができる最大の武器なのです。

ここで私たちが注意すべきことは、彼らの計画は決して秘密ではないということです。戦争を計画しているなどといえば、やれ「陰謀論」だとか、そんな恐ろしいことを考える人がいるはずがないといった反応が返ってくるかもしれません。しかし、彼らは自分たちの未来計画を堂々と公表しているのです。公表されているにもかかわらず、私たちの先入観がこの計画を見抜くのを妨げているのです。

この先入観の呪縛を解くために、二人の人物を取り上げます。ズビグニュー・ブレジンスキーとジャック・アタリです。

ブレジンスキーは自著『The Choice』の中で、世界のグローバル市場化は歴史的な正統性を持つと強調し、グローバル化は人類に幸福をもたらすとは限らないが歴史的に必然の流れであって、人類が目指すべき方向だと断定しているのです。このグローバル化必然論は、アメリカが各国のグローバル化推進のために干渉する根拠になっているのです。

このブレジンスキー構想が東西冷戦終了後のアメリカの世界戦略の骨格を形成しています。その後彼は自著『Second Chance』のなかで、オバマ大統領がアメリカ主導で世界グローバル化を実現することができるかどうかの第二のチャンスであり、もしオバマがこれに失敗したら第三のチャンスはもうないと断言しています。

ちなみに、彼がいう第一のチャンスとは、ブッシュ親子とクリントンの時代を指し、アメリカは冷戦後唯一の超大国になったのに、これら三代の大統領はグローバル・リーダーとして世界をグローバル市場化することに成功しなかった、つまり、第一のチャンスを逃してしまったというのです。

そうすると、第三のチャンスがないという意味は何でしょうか。アメリカのリーダーシップなどソフトパワーによるグローバル化が失敗した以上、もう第三次世界大戦という強圧手段しか残されていないという暗黙の予言であると解釈されるのです。ブレジンスキーの経歴をみればわかるように、彼の予言は学者の戯言ではけっしてありません。ブレジンスキーはカーター大統領の国家安全保障担当補佐官を務め、オバマ大統領候補の外交問題アドバイザーでした。ブレジンスキーは、この世界の運命を握っている勢力、つまり国際金融資本の世界計画を述べているのです。東西冷戦終了後、彼らは唯一の超大国になったアメリカの権力を使って、世界をグローバル市場で統一しようとの壮大な計画に乗り出しました。しかし、オバマまでの三代の大統領はこのミッションに成功しませんでした。そして、オバマが最後のチャンスだったのです。

しかしながら、私たちが目撃したように、オバマ大統領はまだ任期を残しているにもかかわらず、世界の指導者にはなれませんでした。当然のことながら、アメリカ主導のグローバル市場化、すなわちアメリカ的世界新秩序は実現しなかったのです。

オバマ大統領が世界の指導者としての信認を失った象徴的事件は、二〇一三年夏のシリア空爆をめぐるドタバタ劇でした。シリアのアサド大統領が反政府勢力に対して化学兵器を使用したとの口実でシリア空爆を行うと一旦は言明しながら、結局この決定を取り下げざるをえなくなったのです。この時のオバマ大統領の首尾一貫しない言動の結果、信頼のおける世界の指導者としての資質を疑われる羽目になりました。そこで、オバマに代わってシリアの化学兵器問題の解決に向けリーダーシップを発揮したのはロシアのプーチン大統領でした。これ以降、オバマは世界の指導者の地位をプーチンに取って代わられたのです。

このように考えてゆきますと、なぜ二〇一三年の末からウクライナで親ロシア派のヤヌコビッチ大統領に反対するデモが発生したのか、辻褄《つじつま》が合うのです。二〇一三年の夏を契機にオバマに対する期待は消え失せて、世界戦争によるグローバル化実現へ向けて舵が切られたといえるのです。

ウクライナ危機の真相については、既に様々な機会に明らかにしてきましたので詳細は省きますが、結論を一言でいえばこのウクライナ危機はプーチン潰しが隠された目的でした。プーチン大統領が世界の指導者として世界情勢の命運を左右するようになれば、グローバル化を目指す勢力の計画に狂いが生じます。なぜなら、プーチン大統領は国際金融資本に警戒的で、ロシア市場を彼らに開放することに抵抗しているからです。ロシア愛国者であるプーチン大統領は、グローバル市場化推進勢力にとって最大の障害であるのです。

ウクライナ危機を契機として、世界は突如として米露の本格的な対決状態に入りました。アメリカがプーチンによるクリミア併合に反発して、ロシアに経済制裁をかしたからです。プーチンはウクライナ危機に乗じてクリミアを併合したのではありません。ウクライナ新政権の露骨なロシア人迫害政策に対抗して自衛する必要があったのです。ロシアは条約によってクリミア半島にあるセバストポリ軍港を二〇四二年まで租借していたにもかかわらず、新政権はロシア海軍をセバストポリから追い出そうとしたのです。そこで、プーチンは先手を打って住民選挙を行わせて、その結果に従いロシア領に編入したというわけです。

いずれにせよ、アメリカがロシアに制裁をかしたのは、今回が初めてでした。以前にも、アメリカの利益に反するロシアの行動はありましたが（たとえば、二〇〇三年に起きた親欧米派のホドルコフスキー・ユコス石油会社社長の投獄事件や、二〇〇八年のロシア軍のグルジア侵攻など）、アメリカは対露制裁措置をとらなかったのです。

ところが、今回のクリミア併合に対してはロシアの言い分をまたく聞くことなく制裁しました。加えて、欧米のメディアはプーチン悪者説を一斉に流しました。わが国のメディアも保革を問わずプーチン悪人説に従い、プーチン訪日は時期尚早などと日露関係強化に反対し続けています。このように、世界のメディアが一致して一定の方向の報道を行うときは、かならず裏があることに注意する必要があります。

ブレジンスキーと並ぶもうひとりの人物、フランスのジャック・アタリは、わが国ではブレジンスキーほど知られていませんが、アタリもブレジンスキーと同様世界の計画を知りうる立場にある人物です。そのことは、彼の経歴が証明しています。ミッテラン大統領の補佐官として、東西冷戦終結時には特に東西ドイツの統合問題などでヨーロッパ諸国の首脳と折衝して、注目されました。ソ連解体後は、東欧や旧ソ連諸国の復興を援助する欧州復興開発銀行の総裁を務め、さらに、サルコジ前フランス大統領の顧問として、フランスの改革案をまとめました。いわば、ヨーロッパのキッシンジャー的な役割を果たした人物です。

アタリも自著で世界の近未来の姿を公表しています。対談でも触れますが、『21世紀の歴史―未来の人類から見た世界』を読むと、グローバル市場化の意味をブレジンスキーよりも具体的に論じています。アタリは、いずれ「市場」が国家をも凌駕《りょうが》することになると誇らしげに述べていますが、その理由は明確です。つまり、世界を覆っている市場の力とはマネーの力のことであり、マネーによる支配が歴史を揺り動かしてきたが、その行き着く先は国家も含め障害となるすべてのものに対しマネーで決着をつけることになると、宣言しています。マネーの力とはいうまでもなく国際金融勢力のことを指しています。国家経営も利益を出さなければ市場に併呑《へいどん》されてしまうということであり、国際金融勢力によって国家もゆくゆくは民営化されると予言しているのです。

このアタリの指摘は、今日の世界の現実を正確にいい当てています。現に、アメリカの一部の刑務所は民間企業が運営して利益を上げています。また、軍事分野も国家の独占が失われました。ブラックウオーター（現アカデミ）など民間軍事会社が既に戦闘に従事しています。現在では、東部ウクライナやシリアで顕著にみられます。テロ戦争とは「民営化された戦争」といえるのです。

つまり、戦争の民営化ということは、戦争もビジネスの一環であるということです。すなわち、戦争も市場の一部だということです。このような視点から、ＩＳ（イスラム国）や世界各地で勃発しているテロ戦争をみる必要があります。かつての中東のテロとは、イスラエル殲滅とパレスチナ連帯が合言葉でした。ところが、現在の中東テロはイスラム教スンニ派とシーア派の戦いに変質しています。宗派戦争になると相手を絶滅するまで続く終わりなき戦いになる可能性があります。軍産複合体や武器商人にとってこんなに儲《もう》かる商売はないのです。このように考えますと、なぜテロ戦争がやまないのかおわかりいただけるのではないでしょうか。テロ戦争はグローバル市場化の手段といえるのです。

ジャック・アタリは、もう一つ大変重要な予言をしています。それは、グローバル市場化が世界統一政府の樹立につながると指摘していることです。彼は、国家が民営化された後には自然破壊が進み、超格差社会の桎梏《しっこく》の下で紛争が頻発する結果、人類は滅亡の危機に瀕するようになる、と暗黒の未来図を提示して、このような地獄の出現を防止するには世界政府の樹立しかないと断言しているのです。アタリは、世界統一通貨、地球中央銀行、そして世界財務機関、つまり世界統一政府構想を真面目に考えているのです。

もうおわかりのように、世界統一政府を樹立するには地球規模の大混乱、いわば第三次世界大戦が前提条件だといっているのです。ブレジンスキーとアタリの見解は、「戦争」と「市場」が表裏一体の関係にあることを示しています。今後の世界を読み解くキーワードが「戦争」と「市場」なのです。それにもかかわらず、わが国の言論界では戦争と市場の相互関係に焦点を置いた書物が見当たりません。なぜなら、戦争についてはもっぱら安全保障の専門家が論じ、市場に関しては経済やビジネスの専門家が議論しているからです。

宮崎正弘先生と私は「戦争」や「市場」に特化した専門家ではありませんが、それ故に、この対談においてより広い視点から両者が裏で密接に関係している事実を明らかにすることができたのではないかと自負しています。現場で起こっていることを自らの目で確かめて大局を判断するという、宮崎先生の言論人としての哲学に大いに刺激を受けました。時として二人の見解に微妙な違いはあっても、先生の博学に促されて対談がスムーズに進んだことは幸いでした。私たちの対談が読者の皆様にとって何らかの参考になることを願っています。

平成二十八年二月吉日

馬渕睦夫

第二章　ＩＳを作ったのはアメリカ

第三章　石油・ドル基軸通貨体制の地殻変動

第四章　世界秩序の破壊者はロシアではなく中国

第二部　「市場」の正体

第五章　新自由主義の正体

第六章　激化するグローバリズム対ナショナリズム

第七章　グローバリズム・欧州の末路

第八章　「市場」が中国を滅ぼす日

第一部

「世界戦争」の正体

第一章

第三次世界大戦は始まっている

パリ同時多発テロ後の二人の発言に注目

宮崎　いまの中東情勢を見ていますと、ハルマゲドン――世界終末戦争の前に、第三次世界大戦の幕が切って落とされたような感じがします。

馬渕　同感です。「ハルマゲドン」という言葉は私もよく使いますが、要するに第三次世界大戦がハルマゲドンにつながるという理解でいいのではないかと思います。

二〇一五年十一月十三日に起きたパリ同時多発テロ事件について私が注目した点は二つあります。

ひとつはローマ法王フランシスコ一世の発言です。パリ同時多発テロを「このような行為を神の名を使って正当化するのは神に対する侮辱だ」とイスラム国の暴挙を強く非難（『朝日新聞』十一月十六日）したうえで、「これは第三次世界大戦の一環である」と発言しました。英語のテロップは「Part of World War Ⅲ」でしたから第三次世界大戦で間違いありません。

それからもうひとつは、これは「戦争行為だ」とフランスのオランド大統領が宣言したことです。「暗殺者らはいかなる文明も代表していない」から文明国同士の「戦争」ではないが、「戦争状態」であると。つまり、フランスは宣戦布告されたということです。したがって、フランスはすぐさま非常事態宣言を発布し、シリアのＩＳの拠点への空爆を始めました。

ここで私が指摘しておきたいのは、「九・一一」への投影です。

ブッシュ大統領（当時）は九・一一後、これからアメリカは「国際テロ戦争」を行うと宣言し、実際アフガニスタン、イラクと軍事侵攻したわけですが、同様にフランスも、たとえばアラブのどこかの国がＩＳをかくまっているとか、ＩＳの拠点になっているということを理由に軍事攻撃に出る可能性がある。オランド大統領の発言にはそういう意味も含ませているのだと思うんです。

シリアをめぐる列強代理戦争の構図

宮崎　エスカレーションという文脈からいえば、フランスは原子力空母「シャルル・ドゴール」を地中海へ派遣し、シリアへの空爆を強めていますが、いままでなかったことは、ＩＳが密輸していた石油のトラック部隊をフランスも襲撃し始めた。

そこから戦争へのすごいエスカレーションが始まったなと思ったら、今度はシリアにロシアが入ってきて、中東にある唯一の軍事拠点であるタラトゥース港の海軍基地を使って派手に空爆を開始しました。しかもその空爆が、西側が狙《ねら》っているISの拠点じゃない箇所を爆撃している。

馬渕　いわば本当に問題があるところを空爆しているわけです（笑）。

宮崎　反アサド派の勢力ですね。西側はもちろん一枚岩ではありませんが、これにいちばん困ったのはトルコでしょう。トルコのロシア軍機撃墜によりにわかに露土（ロシア対トルコ）戦争のリスクが高まっていますが、まずはシリアをめぐる中東アラブ諸国および米欧露の勢力図を簡単に整理したいと思います。

シリアの宗教は、九〇％のイスラム教のうち、スンニ派は七四％、アラウィ派およびドルーズ派などのシーア派は一六％（外務省ホームページより）ですが、アサド政権は少数派のアラウィ派です。つまり、シリアというのは人口の二割に満たないシーア派系の政権が大多数のスンニ派の国民をまとめているという変形な国なわけです。

中東・アラブ諸国のうちシーア派であるイランはアサド政権を支持する一方で、スンニ派諸国であるトルコ、サウジアラビア、カタール、アラブ首長国連邦、ヨルダン、エジプトはアサド政権を打倒したい。この図式にアサド支持のロシアと反アサドのアメリカ、イギリス、ドイツ、フランス、イタリアの対立が加わる。

サウジ・イラン断行とシリア危機をめぐる構図

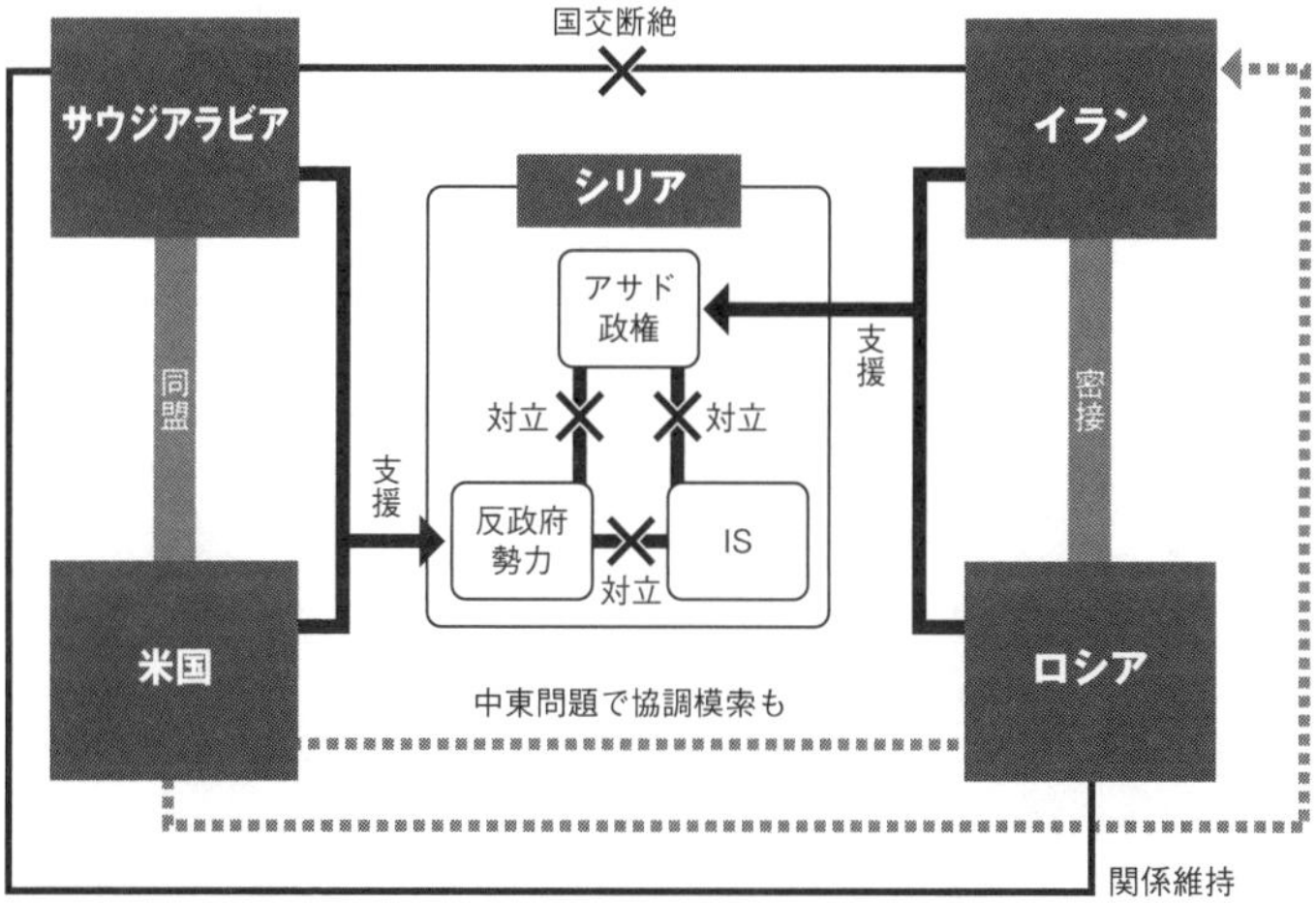

まとめるとアサド政権支持はロシア＋イラン、反アサド派を支持するのは米欧＋スンニ派諸国となるわけですが、ここにＩＳが加わる。ＩＳも反アサドですが、アメリカが支持を公言している反アサド派の中軸である「自由シリア軍」などとは敵対し、アサド派対反アサド派対ＩＳのいわば三つ巴《どもえ》の対立が表向きの説明ですね。ロシアの空爆はＩＳではなく、そのトルコが欧米とともに支援している反アサド派の拠点だったためエルドアン（トルコ大統領）は激怒した。

露土戦争への強硬論も

馬渕　宮崎さんがおっしゃるようにそれは表向きにはトルコが支援するトルクメ人主体の

反アサド部隊が空爆された話で、トルコはＩＳから石油を密輸している。それをプーチンが暴露しました。トルコが「ＩＳからの石油供給を維持するためにロシア軍機を撃墜した」（『日経新聞』十二月一日）と。

宮崎　エルドアンは事実無根と反論しておりますが、いずれにしろ露土戦争の再来の局面が出てきている。つまり、ロシアが報復でトルコ攻撃を始めると、トルコはＮＡＴＯ（北大西洋条約機構）の一員だから、ＮＡＴＯの第五条「参加国のいかなる国・地域が攻撃されようとも、ＮＡＴＯ全体で対処する」が適用されることになる。ＮＡＴＯが出てきたらロシアとしては完全に引っ込みがつかなくなります。ロシア一国で戦えるかどうかという問題でもある。

実際、ロシアでは対トルコで戦争も辞さない強硬論がすでに出始めています。もし、現在の対決状況から本格的な「露土戦争」となった場合のシナリオを提示し、その場合、西側がトルコに味方する前に、「緒戦とＮＡＴＯの組織化動員にもたついている間に、ロシアはただちに核攻撃し、トルコの軍事インフラ、工業地帯を壊滅させる方法をとるべきだ」などとする強硬論がロシアの軍事政治研究センターのミハイル・アレキサンドロフによって語られています。

彼はこう続けています。

トルコ軍は強い。通常の戦闘となるとアフガニスタンでロシアはカンダハルを落とせず撤退したように、苦戦を強いられるうえ、NATOがもし団結すれば、もっと苦境に立たされるうえ、現時点ではロシアにとって軍事的に有利なシリアの空軍基地もトルコには近すぎて使えない（英語版『プラウダ』二〇一五年十二月二日）。

確かに、黒海やカスピ海、あるいは地中海の潜水艦からのミサイル発射によって、戦局を有利に運べても長い泥沼に入ることは目にみえています。

ともかくロシアの軍事筋では、こうしたシナリオ論議まで飛び出しています。

現時点では露土戦争として本格的に拡大するのか、プーチンが引っ込むかが、第三次大戦に発展するか否かの、いわば見極めのポイントのひとつでしょう。

ロシア軍機撃墜はエルドアンの指示だったのか？

馬渕　おっしゃるとおり、まさにそこがポイントです。常識的にみれば、トルコがロシア軍機を撃墜したのはやはり過剰防衛といえます。でもそういうことをあえて、なぜ親露派のエルドアンがやったのか。もっといえば、あれははたしてエルドアンの命令でやったのかどうかということが、まず私の疑問です。

軍部の一部が暴走した可能性があるのではないか。当然トルコの内部に他国の情報機関はアプローチしているはずですから。エルドアンの知らないところでやったとしたら、これはプーチンを露土戦争に巻き込もうとする勢力の策略です。

プーチン同様国民の支持が高いエルドアン
©ZUMAPRESS.com/amanaimages

むろん、そうだとしてもエルドアンとしては、立場上撃墜を擁護せざるをえません。「私は知らなかった」とは口がさけてもいえない。そんなことといえば、エルドアンの統治能力が欠如しているということを内外に示すことになります。

彼のしどろもどろの説明も気になるところです。現に彼はフランスのテレビの取材に対し、もしロシア軍機だと認識していたら「違う行動を取っただろう」と認めたといいます。

宮崎　しどろもどろという点は、ロシアの戦闘機がトルコ領空を十七秒間しか侵犯していないのにその間に十回も警告を出せるわけがない、という物理的な問題と、もうひとつ、十五キロ先ぐらいからレーダーでも何度も警告したということなんですが、ロシアの新聞を読んでいると、逆に完全にエルドアンの指示だという論調です。

トルコが一所懸命開発していた兵站《へいたん》ルート、それからトルコが支援してきたトルクメン人やクルド族による反アサド勢力の拠点をロシアがバンバン叩《たた》いたということで、エルドアンは完全に頭に来ていた。つまり、トルコの国益を守るためにもロシア軍機撃墜をやらざるをえなかったと。


馬渕　もちろんそれは論理としては通っているのですが、そうだとしてもロシア軍機を撃墜するのはあまりにも過剰反応ではないでしょうか。

ロシア軍機がトルコ領内を爆撃していたというのならともかく、明らかにシリア上空にいたロシア軍機を撃墜したのは侵略です。逆にいえば、それでもロシアにトルコが攻撃されないという保証がないと、エルドアンにはできないことだと思います。

それから、これまでのプーチンとエルドアンの良好な関係を考えたら、他の選択肢があったはずです。結局トルコもやましいところがあって、ＩＳを原油がらみで支援しているわけですからね。

十一月十六日、テロ問題が中心議題となったＧ20の首脳会議後の記者会見でＩＳに資金提供している国がＧ20の加盟国を含めて四十カ国に上るという見方をプーチンは示しました（『朝日新聞』一五年十一月十七日）。このときは具体的な国名には触れなかったようですが、同月二十四日に、ヨルダンのアブドラ国王と会談した際にも、ＩＳの資金源とされる石油の密売を念頭に「我々は（シリアの）占領されている地域から、膨大な石油と石油製品がトルコ領に運ばれている事実を長期間つかんでいる」（『朝日新聞』一五年十一月二十五日）と発言しています。

トルコには勝算があった

宮崎　トルコが陰に陽にＩＳを支援しているのはそのとおりだと思います。そもそもトルコ民族とは、その昔、華北にいた匈奴《きょうど》、突厥《とっけつ》、鉄勒《てつろく》というチュルク系の末裔であり、その言語的類似性も含めて広くチュルク系ですからこの民族的連帯があります。ＩＳのなかにいるウィグル、そしてカザフ、ウズベク、キルギス、トルクメニスタンの人々とは同じチュルク系であり、トルコはＩＳを密かに支援し、兵站ルートを確保するために裏面からの作戦も展開してきましたからね。ＩＳについては後ほど詳しく話すとして、ロシアはすかさず報復としてトルコ産食料品の輸入制限、トルコ人労働者の新規雇用禁止、トルコ企業の活動制限、トルコ向け旅行ツアーの販売禁止などの経済制裁に出ました。

ただその効果は疑問符がつきます。

トルコの輸出先（二〇一四年）の第一位はドイツの九・六％で、二位はイラク六・九％、三位は英国六・二％、ロシアは八位の三・八％にすぎません（ちなみに日本は〇・二％、第五十九位）。

トルコに与える影響がより高いのは、ロシアからの観光客収入でしょう。約一二％もあります。ロシアが発動した「旅行延期勧告」で、トルコへ行く観光ツアーは軒並みキャンセルされました。そして何よりもロシアがトルコの生命線として握っているのは、天然ガスのパイプラインを止めることですが、それはロシアにとってもリスクが高い。

原油安は資源輸出大国であるロシアにとっては大打撃でも、トルコは原油と天然ガスの純輸入国であるため、恩恵を受けている。トルコの二〇一五年の経済成長率の見通しは三・〇四％に対し、ロシアはマイナス三・八三％です（ＩＭＦ十月時点の推計）。トルコ産の野菜に二割も頼っているロシアとしては、野菜も果物も来なくなったら困るはずです。トマトなど四割に至る。客観的にみて経済制裁ならトルコのほうが有利といえるでしょう。エルドアンにはかなりの勝算があったのではないでしょうか。

勝算というのは、つまりロシアは軍事行動には出ないと高《たか》を括った。欧米の経済制裁、原油安による長引く不況にロシア国民の厭戦《えんせん》気分も高まっています。

とはいえ、エルドアンにしても、トルコ全土のあちこちにロシア国営「ガスプロム」の拠点があり、ロシアとの経済的絆《きずな》は切っても切れない関係です。

むろん、ロシアと事を構えるからにはトルコに代案があるのかといえば、トルクメニスタンのガスをカスピ海からグルジア（二〇一五年六月からジョージアに改称）経由で敷設する構想が以前から云々《うんぬん》されてはいました。しかしトルコはグルジアの南に位置するアルメニアとアララト山をめぐる国境紛争、アルメニア人虐殺があったかなかったかという歴史問題を抱えており、またグルジアはロシア依存度が高く、このルート開発は話だけで軌道に乗っていません（トルクメニスタンのガスはロシア、中国へパイプラインがつながっているほか、イランにもつながり、ここに日本企業が絡んでアフガニスタン、パキスタン経由でインドへ運ぶ大プロジェクトもスタートする）。

したがって、両国とも当面は経済制裁をかけあいながら、しばし相手の様子をみるというところでやがて落ち着くようには思えます。

「大国」というロシア国民のプライド

馬渕　厭戦気分があるというのは、一面そうかもしれないけれども、私の経験から言えば、ロシア人というのは苦難に耐える国民性です。欧米の経済制裁に対しても事実上二年にわたりますが耐えているわけですから。豊かな生活が当たり前の日本人とは感覚が違います。逆に脆弱《ぜいじゃく》な経済であるがゆえに、経済制裁に対してはレジリエンス（抵抗力）がある。「じゃがいもしかなければそれを食べればいい」というメンタリティを持っています。いかんせんソ連崩壊後の物価が七十倍になったハイパーインフレを経験している国民です。

ロシアは大国であり、ロシア国民は大国の国民としてプライドも名誉もあります。「生活が苦しいから、和平路線でいくべきだ」というふうにはロシアの世論はなりません。だからこそクリミア併合時のプーチンの支持率は八〇％に達しました。領土を回復してくれた強い国家指導者とロシア国民に映ったからです。

それにプーチンの米国と闘う姿勢も評価しています。逆にいえば、ロシアの大国という権威を維持しないと、プーチンであろうと誰であろうと、ロシアの大統領としてはやっていけないというのが現実なんです。そこは一国平和主義に毒されている日本人とはまったく違うロシア国民の大国意識です。

宮崎　ロシア人気質について触れますと、西側マスコミがさかんに流しているロシア経済も破綻するという説ですが、あの耐久性の強い（笑）ロシア人の国民気質からみても貧困などなんとも思っていないところがありますね。

中国人とロシア人は一〇〇％違うところがあります。たとえば、中国は一六年一月のわずか一カ月で一〇〇〇億ドル弱の外貨準備がが海外へ流出しています。中国の外貨準備は激減中で年明けとともに人民元を中央銀行が買い支えており、これが外貨準備高を減らしている。市場原理に逆らっても人民元安を必死で食い止めようとしているのですね。中国人民銀行幹部は「金融危機は起こらない」との発言を繰り返しておりますが、民心はドル預金に殺到しているうえ、ロレックスやトヨタ・レクサスなど、換物投機が沸騰していきます。

これに比べて、ロシアはどうかといえば、じつは外貨準備はほぼ変動しておりません。二〇一五年二月に三七六〇億ドル、一六年二月現在の外貨準備高は三七二〇億ドル。ちなみに中国の同期比は三兆八四〇〇億ドルが三兆二三〇九億ドルとなって、六〇九一億ドルの激減ぶりを示している。

同期間にロシアの外貨準備は四〇億ドル減ったにすぎません。

欧米の論調にしたがうと、ロシア経済はウクライナ問題での西側の制裁により、明日にもギブアップする、そのうえ原油価格が一〇〇ドルから三〇ドル台に下がってしまったので、深刻な悪影響をロシア経済に及ぼしていると否定的は報道が目立ちました。私は一四年七月と、一五年九月にロシア各地を回ったのですが、物資は豊かで町の表情も明るく、人心は意外に落ち着いていました。商店には品数とバラエティこそ少ないが、諸外国からの物資は山積み、ちゃんとルーブル紙幣で購入できた。

一九九〇年のロシア危機とソ連崩壊のとき、物資はなにもなく、しかもルーブルは使えなかったことを思い出します。あの頃、六回ほどロシアへ行きましたが、米ドルで支払いを要求され、ルーブルが必要だったのは新聞スタンド、公立の博物館、記念館。そして公共の乗り物だけでした。

そしてアンチ・ロシアの代表選手、ジョージ・ソロスはダボス会議で「中国経済のハードランディングは不可避だ」といいましたが、他方、ロシアに対しては「ロシアは大丈夫だし、経済は好転するだろう」と逆のことを予測しているのですね。

一九九七年のロシア債務危機は原油価格が一バレル二〇ドル台から一二ドル台へ暴落したときに、経済政策に齟齬（ルビ・そご）が起こり、対応のまずさからロシア国債デフォルトが引き起こされました。外貨準備は、当時のルーブルが準固定制でしたので予算策定の誤算がロシア債務危機を招来させたといえるかもしれません。しかし現在なお、プーチンへの信頼が高く、いまも支持率が八〇％台に近いため、民心にパニックが起きていません。ルーブルの対ドル為替レートは減価しているが、食料品など物価は安定しており、インフレは起きていません。

まさにロシア人は耐久力があるうえ、自宅で野菜などを栽培していますし、過去二十年ほどの経済繁栄で多くは自宅マンションを購入し、マイカーをもち、所得はひとりあたり二万ドルを超えています。だからパニックに走らず、沈着な対応を国民レベルでもできたことが、中国と比べると顕著に違うと思われます。中国人は「阿Q」、ロシア人は「イワン」ですよ。

中国の台頭で米露は接近しようとしていた

宮崎　馬渕さんがこの間書かれていた論文（『言志』05号）が面白かった。九月の国連総会時に一時間半にわたるオバマ・プーチン会談があり、シリア問題が争点だったとし、こうあります。

シリア情勢の正常化のためにアサドの退陣を要求するアメリカと、「イスラム国」に対処するためにはアサドとの協力が必要と主張するロシアの見解の相違は埋まりませんでしたが、アメリカはロシアとの対話を模索する方向に転換しつつあると感じました。つまり、アメリカは中国とロシアに対する二正面作戦をあきらめ、中国抑止策は引き続き追及するけれども、ロシアとの対決路線は修正するという方針に転換したものと思います。

つまり主導権はロシア側に移った、と。

馬渕　九月の習近平《しゅうきんぺい》訪米に対するアメリカの冷淡な態度にそれがよく表れていると思います。それから決定的なのは、十一月十五日にトルコ南部アンタルヤで開幕した二十カ国・地域（G20）首脳会議（サミット）の会場でのプーチンとオバマ両大統領の密談です。密談といっても、ロビーのソファに座って衆人環視のなかでこれみよがしに行われたものですが、この会談を私は中国に対するメッセージだととらえました。つまり、世界をコントロールしているのは米露であり中国ではない、というメッセージです。

シリアの空爆に関しては、オバマはプーチンに任せる。アメリカは今後中国を抑えるがロシアはどうするのか。ロシアも中国にはつかない。そういう取引だったと私は推察します。その兆候は今回の密談の前にありました。たとえば、『ニューヨーク・タイムズ』も「ロシアとはいろいろ問題もあるけれども対話が必要だ」というような論調です。半面中国に対しては「いろいろいう前に、お前のところは国をちゃんとやれ」と。『ニューヨーク・タイムズ』の論説はアメリカの戦略とは無縁ではないので、私は注目しておりました。

アメリカのプーチン潰《つぶ》しは既定路線だとしても、当面は中国抑止でロシアと手を結ぶという方針だったはずです。ところが、そこにトルコのロシア軍機撃墜事件が起きた。これをどう解釈するのかは非常に微妙ですが、私はむしろ、米露の事実上の対話路線に水をさすためにやったんじゃないかという気がしてなりません。だから、エルドアンがあえてロシアを挑発するとはどうしても思えない。そこは現段階では断定する証拠はありません。エルドアンが指示して、この際、ロシアにお灸《きゅう》を据えるということを本当に思ったかもしれない。

しかし、もしそうならば、エルドアンは、方向を見誤っていると私は思いますよ。ロシアにお灸を据えるというのは、仮にも核兵器一万発持っている国ですから。核戦力においてアメリカとパリティ（等価）ですからね。

宮崎　トルコ人のメンタリティにとっては、やはりオスマントルコ帝国の復活なんですよ。歴史的にみたら底の浅い、新興のロシア公国など何するものぞっていう。中東、みんな自分のものだと思っている（笑）。

馬渕　それはわかります。ただそれにしても、ロシアと対決してやるのか、ロシアの協力のもとにオスマントルコを再興するのか。いままでは協力してやっていこうと思っていたわけですよね。

宮崎　もともと中欧向けのプロジェクトだった「サザン・ストリーム」（黒海西側からブル

ガリア、ルーマニアを経由して西欧へのパイプライン）をキャンセルし、ロシアは急遽《きゅうきょ》、一〇〇%ガスプロムが出資の「トルコ・ストリーム」に踏み切る決定をしたばかりで、ガスプロムのCEOであるアレックス・ミラーがイスタンブールへ飛んで予定ルート上空のヘリコプター視察まで行った。これぞまさしく「翔《と》んでインスタンブール」だ。

馬渕　ええ。ロシアからトルコへ天然ガスを送るというパイプライン・プロジェクトは、ロシアによるエネルギー・ルート支配を避けるために建設された石油のケイハン・パイプラインを考えると時代の変化を感じます。

ＥＵにとってエネルギー安全保障の観点から、カスピ海のアゼルバイジャン産石油をロシア領内を通過しないでヨーロッパに運ぶルートの出口にトルコが選ばれたのです。Ｂ（アゼルバイジャンの首都バクー）Ｔ（グルジアの首都トビリシ）Ｃ（トルコの積出港ケイハン）パイプラインと呼ばれ、トルコはロシアの利益を害するエネルギー中継基地だったのです。そのロシアがＥＵ向け天然ガスの経由地としてトルコを選んだと言うことは、今度はＥＵにとってロシアからのエネルギー輸入ルートの安全をトルコに握られることになるわけです。つまり、プーチンはこのトルコ・ストリームによってＥＵに対するトルコの交渉ポジションを強化してあげたといえるのです。

十二月十七日にモスクワで行われた恒例のプーチンの長時間記者会見でも「トルコ・ス

トリーム」に関しては中断を明言しませんでしたし、むしろ前向きの印象があります。

トルコはこれまでむしろEUに煮え湯を何度も飲まされてきました。トルコのEU加盟交渉は〇五年に始まり、EU法の三十五分野のうち、この十年間で終えたのはわずか一分野のみです。そういう背景があったことを考えるとトルコはあえてシリア難民を追い出したともいえるわけです。

それでEUが慌てて、トルコに三十億ユーロ（約三千九百億円）の基金を出すことになった。しかも、EU加盟交渉の再開やビザ免除などトルコ側が強く要望していた分野でもEU側の譲歩を引き出せた（『日経新聞』十一月十五日）。EUに対して一矢報いたわけです。

それなのにロシアを敵にするメリットがどこにあるのかと思うわけです。

急接近していたロシアとトルコを誰が阻んだのか

宮崎　確かにロシアとトルコはついこの間まで異常と言えるほど接近しているようにみえました。
しかしエルドアンがEUから距離をおきロシアに近づくのも無理はなくて、もともと冷戦時代にNATO（北大西洋条約機構）の重要なメンバーとしてロシアと対峙《たいじ》し、黒海の南端を守備してきたのはトルコです。それなのに冷戦終了後に欧州から冷たくあしらわれ、ユーロに加えてもらえなかった。

このあたりからトルコの欧州離れが始まり、首をくるりと回転させて、アジアへ目を向け始めた。湾岸戦争、イラク戦争、そしてシリアの「イスラム国」戦争を通じて、イスラムへ大きく回帰し、トルコ全土の八十三の大学構内にモスクを建設し、イスラム世俗主義の一部を、宗教の彩りを加えた政策に切り替えました。

エルドアンの前任者であるオザルという大統領は完全に親欧米派でしたが、エルドアン大統領は強固なナショナリストで、あたかもオスマントルコ帝国の再来を期するかのような政治的発言から、『ニューヨーク・タイムズ』など欧米の左翼のジャーナリズムではプーチン、インドのモディ、安倍晋三総理と並んで「悪人」扱いにされていた。

馬渕　そこを逆に利用されたという面がなきにしもあらずですね。もちろん、私も確定的な情報があるわけではありません。外務省を退官して以来、特別な情報源があるわけではなく、すべて公開情報で判断しているんですけれども、常識的に見れば、エルドアンがそこまで決断する理由に乏しいんじゃないかというのが何度もいいますが、私の率直な感想です。

宮崎　これはどこまでさかのぼるかがいちばんの問題なんですが、やはりサイクス・ピコ

サイクス・ピコ協定で英仏は地域を分割した

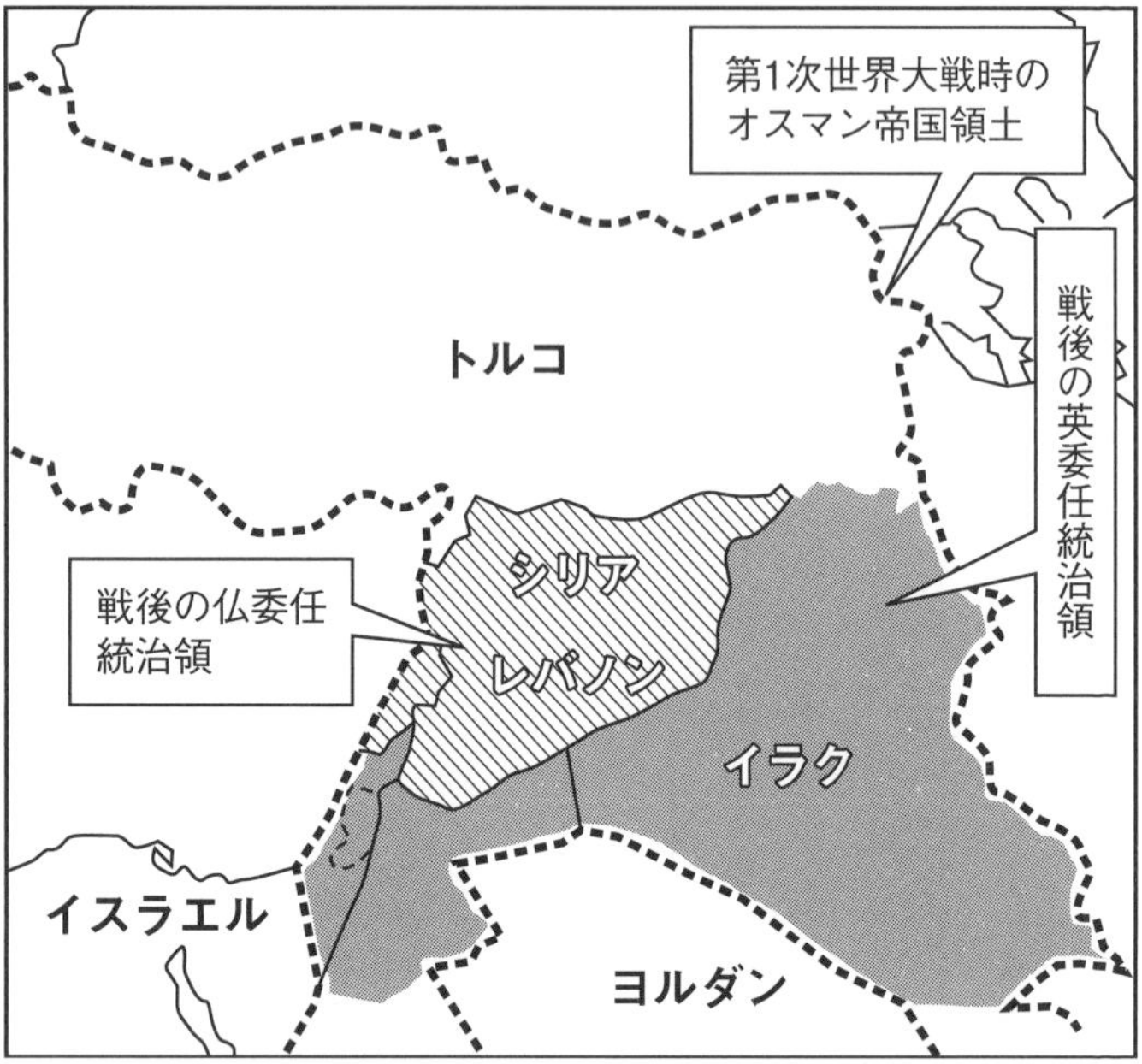

協定（第一次世界大戦中にイギリス、フランス、ロシアの三国が大戦終結後のオスマン帝国の領土分割や勢力範囲を取り決めた密約）までさかのぼらなければ、解けないと思うんですよ。つまり、列強のとった国境画定など中東の地政学を無視した政策が、今日の混乱を生み出したわけです。そもそも中東世界の人々は国境という発想が希薄ですから。

馬渕　同感です。ただ、先にもいったようにエルドアンはＩＳを支持していますからね、そこが問題なんです。まさにプーチンがＩＳを本格的に潰しにかかった。パリ同時多発テロでオランドも潰しにかかった。そうなるとイギリスも黙っていられなくなり、イギリスもドイツも「やります」と重い腰を上げた。私はＩＳ問題が、サイクス・ピコを考える前に重要だと思います。

ロシアと日本の可能性

宮崎　そして直近のロシアの動きをみていますと、ちょっと引っかかるところがあります。

年が明けて、一月十二日ですが、安倍首相特使としてモスクワを訪問した高村正彦自民党副総裁は、ラブロフ外相と会談しましたね。安倍晋三首相の親書を手渡し、つっこんだ話し合いが持たれたといい、新聞報道によれば、北朝鮮の核、北方領土問題、経済協力、平和条約への枠組み作りなどが話し合われたとされます。

しかし、会談内容を総括すると、別の観点が浮かんできます。ロシアと日本の距離は開いたのではないか。

というのもラブロフは「日米が開発するミサイル防衛システムに明確に反対する。これはロシアの安全保障にとって不安である」と唐突に発言していることです。

話題はおそらく北朝鮮の核実験から発展したのでしょうが、北朝鮮ならびに中国の核ミサイルの脅威を目前に持つ日本が安全保障上、理論的には独自の核武装がもっとも安全につながる抑止力になる。しかし日本は核拡散防止条約を遵守していますので、叶《かな》わず、しかも「専守防衛」とかいう奇妙な発想が日本の防衛方針の基幹にある以上、「防衛的な」システムを構築することしかないでしょう。

日本の安全につながることは、しかしながらロシアから見れば、「ロシアの核戦力を無力化するものであり、ロシアは、このシステムを破壊できる攻撃兵器を作って対応する」といっているのですね。

驚くべし、ロシアの防衛思想は、いまだにマッキンダーの地政学、宏大なバッファーゾーンの必要性という強迫観念にとらわれていることがわかり、印象的ともいえることでした。ロシアは依然として、「遠くて寒い国」だったことを改めて思い知らされたのが、日露緊急会談でした。

馬渕　高村・ラブロフ会談の狙いは、北朝鮮への対応協議を表向きの理由としつつ、安倍総理の早期訪露へ向けての調整ではなかったかと推測しています。プーチン大統領の訪日が、ウクライナ危機後アメリカによるさまざまな圧力のために依然として実現できない状況の下で、昨年十一月のトルコ・G20の際の日露首脳会談でプーチンからロシア訪問の誘いがありました。今回は、その具体化のための会談ではなかったかと感じます。

その後一月二十二日に安倍総理はプーチン大統領と四十分間電話会談を行い、プーチン訪日前に非公式に総理がロシアを訪問して首脳会談を行うことが、合意されました。伊勢志摩サミットの前の五月上旬は、ロシア南部のリゾート地ソチ（二年前の冬季オリンピック開催地）で、会談する方向で調整が進められている模様。

ラブロフ外相の日本のミサイル防衛システムへの懸念表明は、軽視はできませんがプーチン大統領の見解をそのまま代弁したものかは疑問です。以前、岸田外相との会談の際に、ラブロフは北方領土問題は存在しないといわんばかりの強硬発言をしたことがありますが、その直後に行われた国連での日露首脳会談では、プーチン大統領は安倍総理にきわめて和やかな態度で接しています。つまり、外相と大統領で役割を分担している。ラブロフは目一杯強いラインを出し、プーチンは落としどころを探るというふうにいえると思います。

ロシアのバッファーゾーンの必要性については、強迫観念がないわけではないが、実際広大なロシア平原に立って見渡すと、どうロシアの「母なる大地」を防衛したらよいのかが、歴代のロシア皇帝や共産党書記長、大統領の最大の課題であったのも頷《うなず》けます。だから、ウクライナについていえば、ロシアはウクライナを併合しようとは考えていない。もし、併合すれば、ロシアはポーランド、ハンガリー、ルーマニアなどのＮＡＴＯ加盟国と正面から対峙《たいじ》することになり、ロシアの安全がかえって脆弱になるからです。ロシアにとってウクライナは無害なバッファーステート（緩衝国）であることが理想なのです。

ロシアは気候的には依然として寒い国ですが、ロシア人の対日感情には温かいものがあります。ロシアは日本にとって、「近くて温かい国」になれるのです。

宮崎　ロシア人には含羞《がんしゅう》があります。これは中国人にはないものですね。あのロシア文学がなぜ日本で読まれたかを考えてみても、人間的には暖かみを感じますよ。

第二章

ＩＳを作ったのはアメリカ

ＩＳの台頭で利益を得たイスラエル

宮崎　本章ではＩＳとは何か、誰が結果的にＩＳというフランケンシュタインのようなテロのお化けを作ったのか論じたいと思います。

馬渕　結論を急ぐようですけど、あえて誤解を恐れずにいえば、私はアメリカが作ったと思います。少なくとも育成したと。そしてその背後にはイスラエルもいる。つまり、それはイスラエルの巧妙な戦略で、イスラム同士を戦わせることに成功したわけです。

私のこれまでの外交経験からいえば、イスラムの過激派の大義は二つありました。ひとつはイスラエル殲滅《せんめつ》。もうひとつはパレスチナ連帯です。

ところが、この二つの大義をＩＳはぜんぜんいっていない。その観点からすれば、ＩＳというのは、そういう意味では純粋のイスラムの集団ではない。もちろんアメリカのネオコンなんかは、事実上ＩＳを支援してきたわけですよね。武器もやった。アメリカは反アサド派を支援しているわけですが、ＩＳとはどこで区別するのか。ほとんど区別できません。

宮崎　現時点での中東アラブ情勢の趨勢《すうせい》からの結果を出すというのは非常に時期尚早なん

ですが、ひとつはっきりと断言できるのは、ＩＳの登場と中東政治の攪乱《かくらん》によって、イスラエル・パレスチナ問題が中東紛争という大きな枠組みのなかで完全に横に置かれた。

焦点ではなくなったんですよ。その前は中東といったらパレスチナとイスラエル問題しかなかったのですから。それが完全に隅っこに消え、マスコミの情報からも消えた。

馬渕　誰もいわないですよ、いま。

宮崎　毎日、ＩＳがどうしたこうしたって話になっちゃった。そういう点では、大きなイスラエルの工作があったのかもしれないけれど、問題は、馬渕さんがいみじくもおっしゃったように、ＩＳを誰が作ったんだと。アメリカが作った。そして、その前のアルカイダは誰が作ったのか。これも、もともとはアメリカが作った。

中東に混乱をもたらしただけのアメリカ外交

宮崎　そこで、アメリカの中東政策を大づかみに中期的なところまで遡及《そきゅう》させて再考したいと思います。

一九七九年にソビエト連邦の軍隊がアフガニスタンに侵攻する。それに対抗させるためにムジャヒディン（イスラム人民戦士機構）にカネと武器を渡し、そのなかには虎の子のスティンガー・ミサイルも含まれていました。なおかつパキスタンに膨大な軍事援助をしたのがアメリカでした。そこから育ってきたお化けがアルカイダですよね。

そのアルカイダはある日突然アメリカに牙《きば》をむき、ニューヨークのテロを仕掛けて、それから中東をかき荒らし始めた。アメリカの対テロ戦争が始まり、アメリカがアフガン（二〇〇一年）に、イラク（〇三年）へ軍事介入する。

当時はブッシュ・ジュニア政権で、チェイニー副大統領が軍事戦略を立案し実行していました。チェイニーは国防長官を歴任したタカ派で、介入したことにより、結果的に中東を二重にも三重にも悪くし、泥沼にしたといえます。

このイラク戦争への介入の失敗が、ＩＳを生み出しました。

サダム・フセインを吊るしたところまでは順当だったのかもしれないけど、「民主化」できると楽天的にマリキをイラク首相にもってきた。そしたらマリキはじつはシーア派で、いつの間にやらバアス党員や、軍人含め全員閑職に追いやって、バグダッド政権をシーア派で固めて、スンニ派の弾圧を始め、イラクは事実上の三分割。スンニ派の国だったのにシーア派がほとんどバグダッドまで占拠して、スンニ派を弾圧する。追い込まれたクルドは独立の旗を鮮明にかかげ始めた。イラクは無政府状態になった。

サダム・フセインの残党であるバアス党の幹部と軍人と、イラクと隣接するシリアにいた反アサド勢力（アルカイダ）が糾合してできたのがＩＳ。さらに厄介なことに、チェチェンから流れてきているややこしくて凶暴な連中が、ＩＳの戦闘部隊の中枢を占め、いまＩＳ内にチェチェン・マフィアは二千五百人いるといわれている。

ＩＳは一種の連合体で、一枚岩とはとうていいえないところに、今度は中国の反政府勢力が混入する。それでＳＮＳを通じて世界中から兵士を募集したら、何万と拡大し、今日の収拾のつかない状態になってきた。というのが表向きの動きですが、裏側で考えてみれば、すべてはアメリカの介入の失敗における結果じゃありませんか。

しかも、ＩＳは黙ってシリアで戦っていればいいものを、イラクに戦場を移して、みるみるうちにイラクの北方のほぼ半分を獲ってしまった。ふつうに考えればたかだかゲリラみたいなのが、どうしてこんなにやすやすと敵の陣を獲れるのか。

そしたら何てことはない、要するにフセインの残党がＩＳにほとんど入っていて、イラクの政府軍はアメリカから大量の武器をもらっていながら、全部残して逃げてきたのを彼らは奪ったわけです。アメリカのハイテク兵器も戦闘機まで含めて獲った。これを失態といわずして何というか。しかもＩＳは油田地帯も占領しましたから、資金源としても、石油の密売をやって儲《もう》けた。

中東問題も「九・一一」もアメリカが仕組んだのか

馬渕　まさに一九七九年以来の表の動きはいま、宮崎さんのおっしゃったとおりなんですが、ここで大きく議論がわかれるのは、それをアメリカの失敗とみるか、あるいはそうでないとみるかです。

大東亜戦争を含めて、あるいは中華人民共和国の成立を含めて、アメリカの失敗だったという説は保守派の間でもけっこう根強いですが、私はあの大国が、あれだけ有能な人材が集まってできた政権がむざむざ失敗をするはずがないと考えます。

私はアフガンの一九七九年当時はモスクワにいたんです。ソ連がアフガンに介入してしばらくしたら、やはりムジャヒディンにどんどんソ連兵が殺されてきて、それが結局ソ連崩壊のひとつの原因になったといわれている。それぐらい当時のソ連の国民――国民といえるかどうかはともかく――にとってはショックな出来事だったと思うんですよね。

確かにアメリカがゲリラを、反アフガン政権、反ソ勢力の兵士――ムジャヒディンを養成して、パキスタンからずっと中東に拡大した。それはそのとおりだと思います。問題はその後、それと九・一一との関係が、結果的に九・一一につながったのかというところで、おそらく世界の見方は、識者の見方は二つにわかれていて、九・一一は意図的な事件であったのではないかという意見も、根強い。私もどちらかというとそちらの見方に傾いているんですが。なぜかというと、いま申したとおり、本当にアメリカがあれだけのテロリストをむざむざ、やすやすと進入させたことに大きな疑問があるからです。少なくともいえることは、あれだけのテロを実行するにはどこかの諜報《ちょうほう》機関の協力がないとできません。

疑問の第一は、そもそも飛行機をハイジャックするためには飛行機のセキュリティ会社を買収しなくてはなりません。犯行にかかわったといわれている十九人だけでそこまで周到に準備できたのか。

第二にツインタワーの横にあった第七ビルは飛行機が突入したわけでもないのになぜ同じように崩壊したのか。

疑問点はまだまだありますが、それは今回の本題ではないので省略するとしても、九・一一テロというのは、アメリカの一部の勢力——ネオコンの勢力——が、少なくともあれを利用した節が濃厚にあります。

宮崎　利用したのは間違いないでしょうね。

馬渕　私は、利用するというよりも、むしろ仕組んだ勢力の一部であったといってもいいくらいだと思っています。

それはともかく、あのときはご承知のように、ブッシュ・ジュニアのバックはネオコンでした。

ブッシュが政権につく一年前に、彼らが「アメリカの新しい世紀プロジェクト」という報告書を出しましたが、そこにはアメリカが今後世界を軍事的に支配するには第二の「真珠湾」が必要だと書いてあった。そして偶然かはわかりませんが、九・一一のあとに実際ブッシュ大統領が「これは真珠湾攻撃と同じだ」と発言するのです。

ところが、真珠湾攻撃というのは、ご承知のとおりルーズベルトが画策して日本に第一撃を打たせたというインプリケーションがあるから、ブッシュは一回だけ発言してやめた。本当にすべてがアメリカが筋書きを書いたとはいえないかもしれないけども、どうもあの九・一一というのは、単なるアルカイダ系の、オサマ・ビンラディンが単独でやったテロ事件だとは、とても思えない。客観的な状況からみて。

それで、少なくともその後、ブッシュは何をいったかというと、これからアメリカはグローバル・ウォー・オン・テラーをやると。つまりテロに対する国際戦争をやるといっているんですよ。

ここで問題なのは対テロ戦争の定義がないことです。

宮崎　対テロ戦は長くかかるとブッシュはいっていた。

馬渕　したがって、その延長上にイラクもあるわけですよね。イラクだって何も攻撃される理由はなかったわけです。後でＣＩＡが大量破壊兵器を隠し持っていると。結局その情報が誤りであったことを、後にＣＩＡ自ら認めています。

宮崎　アフリカのニジェールのウランをイラクが「大量破壊兵器」として購入した疑いがあるという「ニジェール疑惑」を調査して事実無根と報告したアメリカ人外交官の妻が、じつはＣＩＡのエージェントであると暴露された「プレイム事件」がありましたね。これは『フェア・ゲーム』という映画にもなった。

実物の彼女もなかなかの美人で映画はショーン・ペンが主演してアメリカでヒットしました。私は日本で観ましたが、観客は少なかった。

真相はともかくこういう問題が出てくること自体アメリカ外交の失敗といえるでしょう。

「アラブの春」の正体

馬渕　結果からみれば、イラクに混乱をもたらしただけでした。アラブの春にしてもまともな世俗政権が倒されましたが、民主化どころかその後、イスラム過激派のテロが横行しどの国も混乱しているわけです。

宮崎　チュニジアがかろうじて、民主化らしきことをやっているけれども、真似事にすぎません。

馬渕　なんとか、成功例を出さなきゃいけないから、一五年十月にノーベル平和賞を「チュニジア国民対話カルテット」に受賞させましたが。

宮崎　ではそのチュニジアから順番にアラブの春について分析しましょう。

チュニジアはベン・アリ大統領による独裁政権が二十七年も続いた国です。これが一月足らずの短日のうちにひっくり返った。これは後ろで煽《あお》る勢力がなければできるものではありません。反政府運動というのは本来地下組織ですから、それが急速に表の組織を作って、しかも政府に対抗できる武力を持つというのは、本来ありえない話です。独裁が長ければ長いほどそれは難しい。秘密警察もありますし。欧米の工作があったに違いない。

リビアにしても欧米の介入と激しい空爆がなければね、反政府勢力なんかがカダフィに勝てるわけがなかった。完全にカダフィ対欧米の戦争です。空爆なんていっても、大量の無人偵察・爆撃機（プレデター）を飛ばして、カダフィは隠れ家まで襲われた。おそらく、GPSか何かつけてたのでしょう。

エジプト革命（ジャスミン革命とも）も見事に成功してホスニー・ムバーラクを倒した結

果、イランのホメイニを上回るような宗教独裁主義となった。ここで、イランと違うのは、イランのホメイニは、すぐにシャーの軍幹部を五千人処刑して軍隊の力をそいだのに、エジプトの場合は軍をそのまま温存して、民主革命を続行しようとして混乱した。浅はかというか、エジプト人はナセルのクーデターのときもそうだけど、狂乱して喜んだ。冷静な判断ができない民族なんじゃないですか？

馬渕　彼らはアラブの盟主をずっと標榜《ひょうぼう》してきましたけどね。

ただ私は民主化勢力、それは別にイスラム系であってもいいんですが、そういう民主化運動が本当に現政権の腐敗に対して立ち上がって、民衆のために立ち上がったとはとうてい思えません。

のちほど詳しく話しますが、東欧のカラー革命同様、運動を主導したのはアメリカを中心とする国際的なＮＧＯです。アメリカが武器を供与して、デモを煽ってフェイスブックやツイッターなどメディアツールを駆使して、とにかく政権を倒すだけ倒したと。アメリカもそんなことすればどうなるかということはわかってるわけです。

宮崎　リビアを例にあげればカダフィが主導して近代化の途上にあった国家はすっかり分裂して、部族主義の無政府状態となってしまった。暫定議会（「トブルク政府」）と制憲議会（「トリポリ政府」）の二つの政府が並立しただでさえ混乱しているところに、ＩＳやアルカイダ系など複数の武装勢力が石油利益を狙って戦闘を続けています。イラクやシリアでの空爆にさらされて劣勢のＩＳの新たな拠点になる恐れもある。

メール問題にすり替えたヒラリー「リビア・コントラ」の内幕

馬渕　先日、宮崎さんも会場におられたと思いますが、アメリカの事情通が、二〇一二年九月十一日にリビアのベンガジにある米領事館と中央情報局（ＣＩＡ）の活動拠点がテロリストに襲撃された「ベンガジ事件」の真相を話していましたよね。

リビアでのアメリカが支援した反政府組織にカダフィを倒すために武器援助をやった、ＣＩＡがその武器の回収に行っていたところを襲われて殺された。しかし、それはヒラリー・クリントンの指示でやっていたから、バレるととんでもないことになると。

イラン・コントラ事件（レーガン政権時代に、イランへの武器売却代金の一部をニカラグアの反政府ゲリラ〔コントラ〕支援に流用しようとした秘密工作。事件が発覚したのちは大統領が事前にそのことを知っていたかどうかが究明の核心となった）の二の舞になるわけです。だから、クリントンはあくまでそれを単なる私用メール事件にすり替えて、逃げ延びているというのが真相だと。

宮崎　ヒラリーの「リビア・コントラ」の内幕ですね。ベンガジで回収した武器を今度はシリアに運ぼうとしたわけでしょう。私はこないだのヒラリーの議会証言楽しみにみてたのに、共和党はしっかりと追及できなかったのでがっかりしました（笑）。

ベンガジはイスラム系武装勢力のアンサール・アル＝シャーリアが占拠している。治安もへったくれもないトリポリにアメリカの大使館がある。ベンガジのアメリカ領事館というのは大袈裟《おおげさ》にいうと掘っ立て小屋のような建物のようですね。秘密工作以外、そんな物騒なところに行くわけがありません。

ＣＩＡの拠点もその近くにあったらしいけれども、ＣＩＡさえ知らなかった。そのため、救援に駆けつけたときはもう完全に手遅れで、領事館が燃やされていて、大使は窒息死だったと説明されてますね。

しかし、ベンガジ事件はまだまだ後を引いてヒラリーの大統領選挙に大きな爆発力を持つことになりそうです。

というのも、犠牲となった米兵の遺族が「ヒラリーを嘘《うそ》発見器にかけてください。私たちは真相を知りたい」とテレビ出演していい出しているのです。

チャールズ・ウッヅは二〇一二年のベンガジ事件で犠牲となった海軍シール隊員＝タイロン・ウッヅの父親です。

かれは「ヒラリー・クリントン（当時の国務長官）と同席し、彼女を嘘発見器にかけてください」と父親は涙ながらに訴え、こう続けています。

「彼女は嘘つきだ。本当のことをいっていない」

ほかに犠牲となった三名の遺族も、チャールズ・ウッヅの意見に同調しているそうです（『ワシントン・タイムズ』二〇一六年一月六日号）。

やはりこれもアメリカの外交失敗の一例でしょう。

ただ、表に出てきたのは一部にすぎず、裏でもっと長期的な、もっとねじれた戦略があるとすれば、それは謎のまま、これからも残るのでしょう。現に二〇一六年一月末に国務省はヒラリーの発信したプライベート・メールのうち二十二通に「極秘情報」が含まれていた、と発表しています。

アメリカ外交の裏には石油がある

馬渕　そういうアメリカ外交の、いわば裏の戦略というのは、けっして表には出ないし、公式の歴史にはなりませんが、ただアメリカの失敗、アメリカがなぜイラクを攻撃したのかという動機は、イラクの石油を押さえるのが目的だった。それはアラン・グリーンスパンも回想録『波乱の時代』（日本経済新聞出版社、二〇〇八年）に書いています。「イラク戦争は概ね石油をめぐるものである、という誰もが知っている常識を、政治的に認めるのが不都合であることを、わたしは悲しく思う」と。

宮崎　アメリカの石油戦略はニクソン・ショック後のドル基軸体制の構築と密接にかかわってきました。そのうえで、中東のなかでもとくに重要な国がサウジアラビアです。ところが、このところアメリカとサウジの蜜月関係に明らかにヒビが入っている。じつはサウジにとっても欧米が支援した「アラブの春」が大きな、マイナスの影響を与えていたのです。

第三章

石油・ドル基軸通貨体制の地殻変動

緊迫するサウジとイランの対立

宮崎　二〇一六年が明けた矢先に中東で激震が走りました。サウジアラビアが二日、シーア派の宗教指導者ら四十七人を処刑したのに反発し、イランでは抗議する群衆が首都テヘランのサウジ大使館を襲撃した。これを受けて、サウジは三日、イランとの国交を断絶しました。バーレーンやスーダンといったスンニ派諸国がサウジに同調したのに続き、七日にはソマリアもイランと断交を決める。

するとこ今度はイランがイエメンの首都サヌアにあるイラン大使館がサウジアラビア軍機による空爆を受けたと非難するも、サウジは事実を全面的に否定し緊張が高まっています。

シーア派のイランとスンニ派のサウジの対立はいまに始まったことではありませんが、多くの日本人にとってよくわからないことは、両派の対立はキリスト教やイスラエルとの宗教戦争同様に根深く歴史的な対立であるということです。

しかもイスラム教の大きな特徴として、キリスト教や仏教のように「聖」と「俗」をわけず、政治や経済、法律といった日本人からすれば俗界に属するこの世のすべての事柄が宗教の対象となり、妥協の余地がほとんどないため全面的な対立なる。しかも、殺し合い

中東・北アフリカにおけるスンニ派とシーア派の勢力図

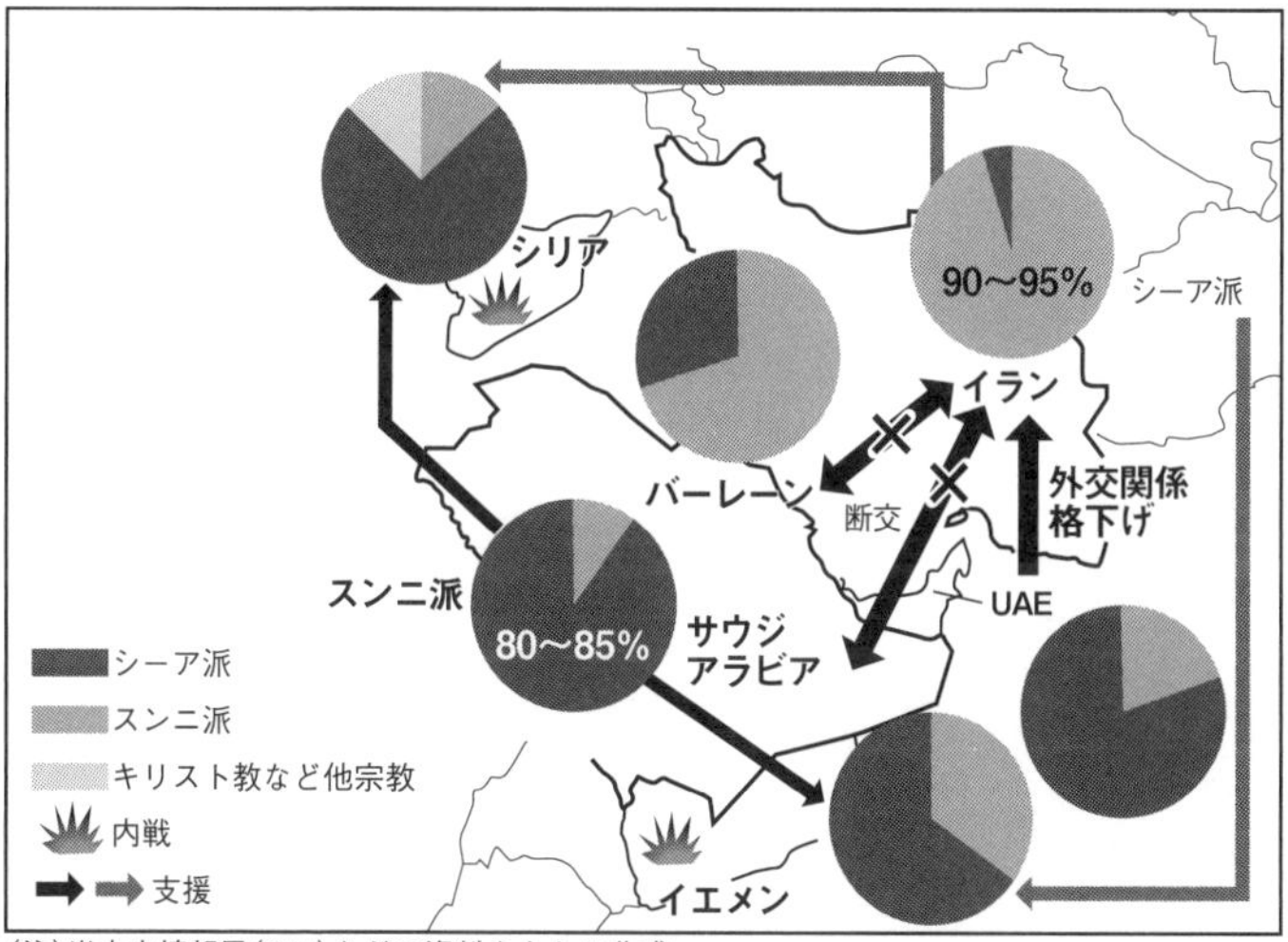

（注）米中央情報局（CIA）などの資料をもとに作成

をするほど激突しながら、心の奥底ではイスラム教徒としての連帯意識が強いので、日本人にはますます理解不能です。

ここでは読者にシーア派とスンニ派（これも大雑把なくくりにすぎません）の対立が簡単なものではないことを想像していただきたいと思います。

アメリカはサウジからイランへシフトしたのか？

宮崎　話をもとに戻すとスンニ派のサウジが警戒していたのが「アラブの春」です。アラブの春がエジプトから今度はバーレーンに飛びましたが、バーレーンのいわゆる「民主化」運動を潰したのはサウジの軍隊でした。バーレーンの民主化勢力（実態はシーア派）の背後には完全にイランがいた。

そのサウジがもうひとつ潰した「民主化」がイエメンです。イエメンに来て反政府で騒いでいるのも、みんなイランの工作員が仕掛けたものです。したがって、「アラブの春」はいつサウジに飛び火してもおかしくなかった。

サウジは一所懸命自分たちの体制を防衛しているのにアメリカは何もしてくれない。あげくの果てにはイランの核開発問題における制裁解除、これでサウジはアメリカに疑念をつのらせ、従来の親米路線から離れました。

馬渕　離れましたかね？　そこは非常に重要なポイントです。

宮崎　それでロシアとくっついたでしょう。ここはこれからの大問題になると思うんです。

馬渕　もし本当にそうなら、それは大問題です。サウジアラビアというのはアメリカ軍に守ってもらってきたことで、もっていたような国ですから。もちろん石油との取引が交換条件だったんですが、しかしもし、それを崩してロシアと結びついたとしたら、これはもう大地殻変動といっていい。

宮崎　地殻変動ですよ。その根拠を二つ申しますとね、第一にイラクのサダム・フセインがやられたのは、諸説がありますけど、経済的にみると、石油取引の決済通貨をユーロと

OPEC原油バスケット価格の推移

（出所）OPEC

併用に変えたことです。これにアメリカがカチンときた。サウジアラビアもドル一辺倒だったのを、一部ユーロを取り入れ始めた。

第二は、ロシアと合同の新OPECという構想があるのではないか。つまり、サウジが頑なに原油の減産に応じないというのは、ロシアを困らせるためではなく、シェール革命以降原油の生産量が世界一位となり、四十年ぶりに輸出解禁を決めたアメリカのシェールオイル（ガス）潰しでしょう。ここで、産油国サウジとロシアの利害関係が一致する。

プーチンはわれわれは二年間耐えるといった。それまでは原油がいかに下落しようとも、ロシアは持ちこたえてみせると。ただ、それももう限界です、本来九十ドル以上を想定していたのが四十ドルを切ってしまった。二〇

原油埋蔵量・生産量に占める主要各国のシェア

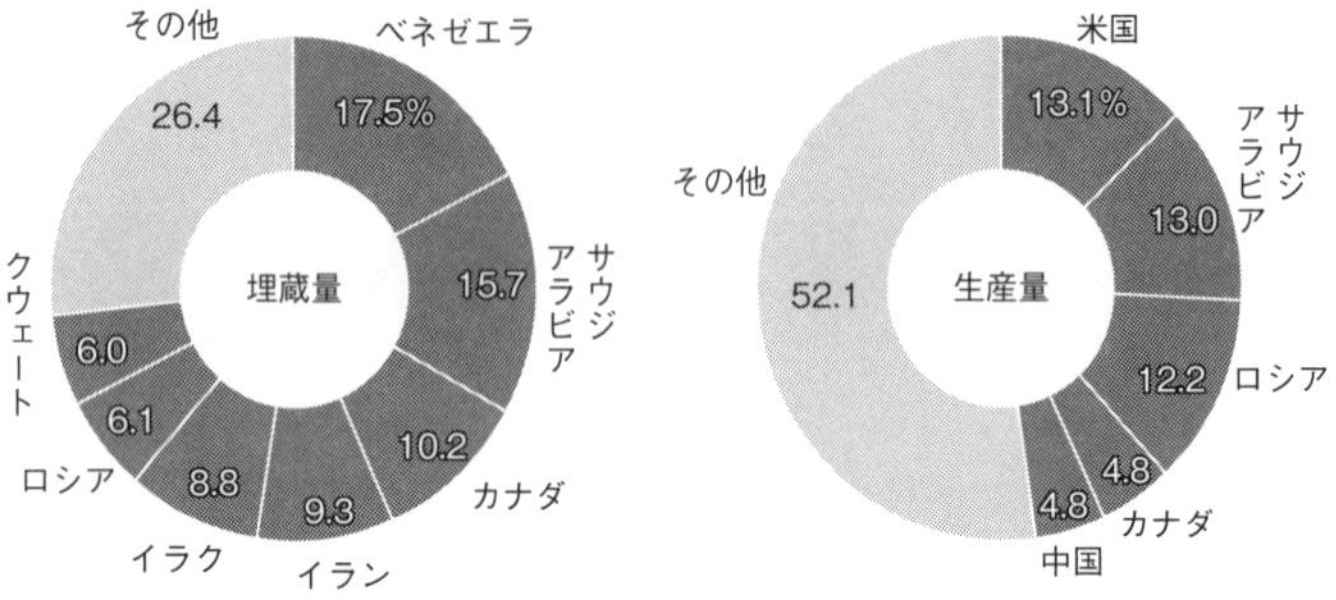

（注）英BPの資料をもとに作成。データは14年末時点

一六年一月十二日には三十ドルを割り込んだ。

一方、ＯＰＥＣの石油減産合意は遠のき、サウジは赤字国債を発行するばかりか、保有してきた日本株の三分の二を市場で売却し急場を凌《しの》ぐほどになっています。つまり比較的富裕だったサウジアラビアですら手元資金がもうない。

世界最大の石油会社である国営のサウジアラムコが一部、株式上場を検討していることを発表しましたが、財政がそれだけ逼迫《ひっぱく》しているということです。

それでも原油減産に踏み切らない理由を考えると米国のシェールガス潰し以外に考えにくい。現に米国のシェールガス開発は大きく蹉跌《さてつ》して、各社投資削減に向けて走り出した。コノコ・フィリップスは二五％投資を削減し、シェブロンも二四％投資を減額した。完全に潰すことは無理にしても打撃を与えることはできるとサウジとロシアは踏んでいるのでしょう。日本の商社も伊藤忠と住友商事が一千億円単位の損失を計上しています。

アメリカとサウジが築いたペトロダラーシステム

宮崎　ここで、アメリカとサウジアラビアが蜜月関係を結び、いまに続くペトロダラー（オイルマネー）基軸体制となった一九七〇年代にさかのぼって考察したいと思います。これは第二部の議論にもかかわるテーマですが、すなわち、いかにしてニクソン・ショック後もドルが世界の基軸通貨となりえたか、の問題です。

周知のようにサウジアラビアはイスラムの二大聖地・メッカとメディナをかかえ、ワッハーブ派（原理主義的なスンニ派）の王族であるサウード家が統一以降いまも続いています。したがって、イスラエルはむろんのこと、国民の九〇％はシーア派のイラン、シーア派が多数を占めるイラク、バーレーンも脅威という事情がサウジにあった。そこをついたのが当時ニクソン政権だったアメリカで、一九七三年に国務長官のキッシンジャーを派遣し密約を交わす。石油経済学の視点から通貨戦争を読み解いたマリン・カツサの『コールダー・ウォー』（渡辺惣樹訳、草思社）から以下に引用します。

サウジアラビア（つまり同国の石油期間設備）をアメリカは防衛すると約束した。同国が欲しがればどんな兵器も売ると約束した。イスラエルからの攻撃だけではなく、他のアラブ諸国（たとえばイラン）などの脅威からも守ると伝えた。さらにサウジ王家を未来永劫《えいごう》にわたって保護することも確約した。（中略）
アメリカは見返りに二つのことを要求した。一つは同国の石油販売はすべてドル建てにすること、もう一つは、貿易の黒字部分で米国財務省証券を購入することであった。

これが米国にとって「最高のメカニズムの完成であった」ことはいうまでもありません。金本位制のように兌換《だかん》義務もなく、世界は「石油購入のためにはドルを貯めなくてはならなかった。世界的な需要が高まるドルを連邦準備銀行はほとんどゼロコストで発行することが出来た」からです。
したがって、サウジがアメリカから離れるということは、ドル基軸体制がおびやかされることになりかねない。そこまでサウジが覚悟しているかどうか、それともアメリカに対して警告しているにすぎないのか、断定はできませんが。

馬渕　もしそうだとすればアメリカの力がそうとう落ちてることになります。こういったらなんですが、サウジにまでね、なめられるようになったら、アメリカは終わりです。

宮崎　佐藤優さんが中東某国の友人から聴いたという面白い説を紹介しています（『SPA！』二〇一五年十二月二十二日号）。

七月十四日に、オーストリアの首都ウィーンで、アメリカ、イギリス、フランス、ロシア、中国、ドイツの六カ国と、イランとの間で、イランの核開発問題の解決に関する合意文書が締結された。これが決定打となり、イスラエルとサウジアラビアはアメリカから離れた。つまり、イスラエルとサウジはアメリカが中東におけるパートナーをサウジアラビアからイランに変更しようとしている、という文脈でとらえた。確かにこの佐藤優説が正しければすべてがみえてきますね。

サウジがなぜロシアに近づいているかの理由がです。つまり、動機はイランの核武装が日程にのぼったことでした。平和利用に限るといったところで、イランの核開発を結局は認めた。十年もすればイランは核を持つでしょう。中東の覇権争いをイランとサウジアラビアの代理戦争だとみた場合に、サウジにとってこれ以上の裏切りはない。それを、むしろアメリカが率先して推進した。むろん、オバマ外交の失敗ですが（念のため付け加えておきますが、アメリカの有力議員らは、このオバマの妥協に反対しています）、さっきもいったようにいま中東の地政学は本当に地殻変動を起こしている。

経済制裁後も行われていたイランの石油輸出

馬渕　その説のポイントは、なぜアメリカはサウジよりもイランを選んだのか、というところにあると思います。私はアメリカがイランと妥協したもうひとつの理由は、ドル体制から離れているイランを取り込むためではないかとみています。結局現状のままであればイランのドル以外の石油取引がどんどん増えていく。つまりドル覇権を守るためにイランとの関係改善をせざるをえなくなったのではないか。したがって、それに反発してアメリカにとってもっとも重要なサウジが離れたら本末転倒で何もならないわけですね。

宮崎　サウジは冒険主義に走り出すきらいがある。一方、イランですが、一九八〇年以降アメリカから強い経済制裁を加えられ孤立したかにみえた。しかし、中国、韓国、インド、トルコ、イラク、そしてロシアと事実上石油の輸出は止まっていませんでした。

馬渕　それは、ドル以外で決済したんですよね。

宮崎　そうです。何で決済していたのかというと、ケースはさまざまですが、たとえば、中国は武器、ロシアは自国製品とのバーター取引、インドやトルコは金塊あるいは自国通貨、韓国も自国通貨です。

トルコのババジャン副首相もトルコへの石油輸出の代金として金塊を輸入する一種の「物々交換」を行っていたことを国会答弁で次のように述べています（二〇一二年十一月三十日）。

トルコがイラン産石油を購入する場合、トルコの通貨リラで支払いをする。だがイランは米国からの制裁により、そのカネを米ドルにして自国に持ち込むことができない。そこでトルコ市場でリラを使って金を買い、自国に持ち帰るのだ。

まさに金取引です。原始時代の経済に戻ったかのようですが、皮肉なことにアメリカは基軸通貨の強みによる経済制裁を発したことにより、かえって各国のドル離れを加速させることになった。

馬渕　宮崎さんもおっしゃられるように、イランによるドル以外の決済の拡大がアメリカのドル基軸体制を崩す契機になりかねないのは私もわかりますが、では、サウジアラビアとイランを計りにかけた場合に、はたしてイランを選ぶことになるのかという点が、どうしても引っかかります。

現に石油の生産量はイランよりもサウジのほうが三倍近くあります。

イランとサウジアラビアの国力比較

	サウジ	イラン
人口	2,970万人	7,500万人
GDP	4,800億ドル	3,660億ドル
ひとりあたりのGDP	23,800ドル	12,200ドル
1日あたりの原油の生産量	1,152.5万バレル	355.8万バレル

また、表のように、人口を比べると、イランの人口七千五百万人に対し、サウジは二千九百七十万人とイランの半分以下です。しかもサウジは王家だけが変わらず続いているのであって、国民はバラバラですからアメリカが支えなければとうてい維持できる国ではない。

それがアメリカと離れてやれるかというのは、プーチン・ロシアが一〇〇%支持する保証でもないかぎりは、安全保障上不可能でしょう。

宮崎　石油の話に戻すと、直近のデータによれば石油生産埋蔵で世界一位なのはサウジじゃなくてロシアです。

ロシア、サウジ、イランの順です。したがって、この三者を組ませないところがドル基軸体制のミソであって、組まれたら大変なことになる。だから、その三者連合は組ませないというのも、アメリカの明確な意図だろうと。

馬渕　それはよくわかります。だからイランとの貿易をドル決済に取り込もうということでしょう。そういう側面もありますからね。

「抑止」から「使う」兵器へ転換した核

宮崎　それと問題は核兵器ですよ。日本では核兵器というのは抑止力だと信じ込んでいますが、実際には「使う武器」ですからね。どこの国の指導者だって最終的に危なくなれば当然使います。

これは国際常識なんだけれども、サウジアラビアが胴元となってパキスタンに核開発をさせています。そのパキスタンはいま九十から百十発核兵器を持っていると欧米の軍事筋はみています。

そうすると、当然サウジとしては自分の取り分を回収する。それをイランもわかっているから、核開発を急いでいるわけでしょう。そしてここに中国が入ってくる。中国は、相当イランの核開発に背後で援助しています。私もペルシャへ行くときにイラン航空に搭乗したのですけど、これなぜか北京経由です。東京―北京―テヘラン。すると北京で制服を着た中国の軍人がものすごく乗ってくる。それでテヘランの飛行場に着いたら、軍人は大歓迎で、通関もなく入国する。

これはイランと中国は相当濃密につながっているな、と。ともかく中国の核技術というのはイランに移転しているとみたほうがいいと思うんですよね。

そうすると、中東におけるヘゲモニー争いは、サウジアラビアが中東の法主だとのさばってきたのがいまや落日を迎えている。

かたやイランはペルシャ王国の再建。エジプトはエジプト王国、シリアは大アッシリア帝国でしょう。イラクが夢に描いていたのが、古代バビロニア帝国。サダム・フセインはネブカドネザル王の真似をするのが好きだった。ペルシャは、ササン朝ペルシャから中東を全部支配したこともあります。

要するに「パラノイア」に取りつかれたかのように勢力圏の取り合いをやっていた。どの国も過去の栄光にとりつかれて覇権を狙うというのは、これは当然のことだろうと思うんです。

だから、そういう地政学的な争いも加わっているところに、アラブの春以来、中東は政治的にむちゃくちゃになって、ＩＳの跳梁跋扈《ちょうりょうばっこ》がある。ＩＳはやがて消えると思いますが、問題はその後のことで、それがどうなるかという見通しがいまはまったくたたない。しかも、下手をしたら第三次世界大戦になる可能性がまったく否定できない。

馬渕　否定できないどころか、もう事実上始まっているといってもいいくらいです。もう少し誰かがマッチ擦ったら一気に炎上しかねない。第一章の話に戻りますけれども、結局いまの段階でカギを握っているのが、トルコとロシアです。ＥＵは、トルコのためにロシアと核戦争するつもりはまずない。

宮崎　トルコをＥＵに入れる気もないし、ユーロにはもちろん加えない。

馬渕　ただトルコはＮＡＴＯ（北大西洋条約機構）のメンバーですから。ＥＵが何もしないとＮＡＴＯは瓦解しますよ。それでもロシアとは戦争できないでしょうＥＵは。

しかしながらアメリカがどう考えるかというのは別です。私の見立てでは、アメリカがプーチンをとにかく追い詰めて、暴発させるという方針は、まだ完全にやめてはいないと思います。

さしあたりアメリカは中国にお灸を据えなければならず、オバマは中国抑止に重点を移している、というだけの違いにすぎなくて、アメリカにとってロシアが潜在的敵国であることには変わりはない。

いま非常に微妙なバランスで、結局、中国の動向と、朝鮮半島を含めた東アジアの情勢が、中東に飛び火する可能性もあります。中東が暴発すればこっちも爆発する。そういう危険があるという懸念がどうしてもぬぐえません。

宮崎　いま中国の問題が出てきたので、次章は膨張する中国について議論したいと思います。

第四章

世界秩序の破壊者はロシアではなく中国

ロシアに世界覇権の野望はない

馬渕　アメリカがウクライナ問題でロシア、ＩＳで中東に集中している間隙《かんげき》をぬって出てきたのが、中国です。したがって、中国がアメリカの覇権に挑戦したのであって、これまでアメリカが目の敵にしてきたロシアというのはむしろ逆で、領土的野心としてはずっと守勢であった。ここはよく冷静に考えなければならない点です。

私の見立てでは、イラク戦争の始まった二〇〇三年という年が大変重要です。この年はじつはロシアでも事件が起こっていて、当時のロシアの石油王・ホドルコフスキーが、プーチンに投獄されてシベリア送りとなる。この二〇〇三年を機に米露の新冷戦、本当の意味での冷戦が起こったととらえています。東欧のいわゆる「カラー革命」が始まるのも二〇〇三年の暮れからで、ホドルコフスキーが逮捕投獄されてからです。

まずグルジア（ジョージア）で起こり、翌年にウクライナのオレンジ革命。その翌年にキルギスで起こり、次にウズベキスタンまで行ったらそこで失敗した。これをプーチン・ロシアの側から眺めるとどうなるか。本章ではまず追っていきたいと思います。

宮崎　カラー革命の整理ですね。

ホドルコフスキーは経営していたユコスという会社を、ガスプロムを抜き去るようなメジャーに育てあげ、彼はその資金を大量に使って、反プーチンの運動を展開し、政党を作って自分も大統領選挙に出ようとしていた。

完全にプーチンの政敵だから、やられるのは当然だろうと思っていましたが、それよりも問題は、結局ユコスを欧米メジャーに売り渡そうとしたからですか？

馬渕　そうです。ホドルコフスキーはエクソン・モービルとシェブロンにユコス株の四〇％を売却しようとしていた。そうなると、ロシアの石油の運命を事実上メジャーに握られてしまう。だから、プーチンがそれを阻止しようと最終的に腹を決めて介入したんですね。

ホドルコフスキーはプーチンを公然と批判していた
©Christopher Morris/VII/Corbis/amanaimages

石油というファクターで眺めればイラク戦争と底流で結びついているのがわかります。世界の石油を押さえようとした石油メジャーがまずイラクを押さえた。そして最後に残ったのがロシアだった。そう考えていくと、石油をめぐる攻防がずっといまも続いているというのが、みえてきます。

同様に「ウクライナ危機」というのも同じ勢力が裏から糸を引いてる証拠はユーチューブで暴露

されました。アメリカの国務次官補であるビクトリア・ヌーランド――バリバリのネオコンで、旦那がロバート・ケーガン――が反政府デモ隊にクッキーを配って歩いている映像が流されてました。

それからもうひとつは、ヌーランドが、アメリカのウクライナ大使であるパイエトと電話会談やって、まだヤヌコーヴィチ政権のときに、彼を倒した後の新政権には、ヤツェニュークを首相に当てようと決めた。その会談がユーチューブで流れて、アメリカの国務省も、そういう会談があった事実は認めざるをえなくなった。現に首相はヤツェニュークがいまも務めています。

ネムツォフ暗殺の謎

宮崎　ウクライナ大統領のポロシェンコはチョコレート会社の社長でしょう？　日本からみると意外ですが旧東欧はバルト三国からハンガリーまで、チョコレート企業が夥《おびただ》しくあります。エストニアの「杉原記念館」へ行ったら、杉原チョコレートを売っていました。

馬渕　チョコレート屋の社長で、しかもロシアとのビジネスで成功した人物です。

少し話は飛びますが、二〇一五年の二月に、フランスのオランド大統領とドイツのメルケル首相が仲介してポロシェンコとプーチンの間でウクライナ東部の停戦協定ができました。十二日のことです。その五日後、二十七日にロシアでネムツォフ暗殺という不可解な事件が起こる。ネムツォフは昔の亡霊みたいな政治家にすぎませんが、野党を壊滅させるための政治的暗殺でプーチンが黒幕じゃないかという説が、欧米メディアによって流された。

プーチン黒幕説を流してプーチンの名声を貶《おと》める狙いがあったと思います。なにせ、ネムツォフは支持率一％で政治的影響力はゼロでしたから、プーチンには暗殺する動機が何もなかったのです。

人気菓子メーカー「ロシェン」の社長でもあるポロシェンコ
©STR/NurPhoto/Corbis/amanaimages

もうひとつの狙いは、プーチン自身に対する暗殺予告ではなかったか。ネムツォフの暗殺現場はクレムリンの近くです。そこでプーチンは身の危険を感じて、しばらく雲隠れしていたと思います。その間、対応策を練っていたのでしょう。

彼が三月十五日に突如ロシアのテレビに出てきて、クリミアを併合したとき、ロシアは米欧の反発に備え自らの核戦力を臨戦態勢におく準備をする必要があるかを検討していたといって、世界に衝撃を与えました。

私のみるところあの発言の真意は、反プーチンの勢力に対してこれ以上俺を追い詰めるなら、それくらいの覚悟があるぞというメッセージだったと思います。

興味深いのは、その後三月二十五日にポロシェンコが、じつは反ロシアの急先鋒《きょうせんぽう》だったドニプロペテロフスク州知事のコロモイスキーを解任していたことです。ご承知のように彼はイスラエルとキプロスの三重国籍者で、大富豪。私はこの事件をみて、ポロシェンコは東部の停戦に真剣だと判断しました。

というのも、コロモイスキーは、実は自分の私兵集団、傭兵《ようへい》集団を持っていて、それが東部の戦線に出ていたわけです。だから彼を切ったということは、東部で真面目に停戦しますというのが、ポロシェンコの意図であると。ところが、ジョージ・ソロスが、このままではウクライナ危機を演出した自分たちはウクライナで負けると思ったのか、ウクライナは停戦合意を破棄しろ、EUはウクライナをもっと真剣に軍事援助して、ロシアと戦えるくらいにやれと、そういう投稿記事を『ニューヨーク・タイムズ』に載せている（一五年四月一日付）。

カラー革命の背後にいたジョージ・ソロス

宮崎　ジョージ・ソロス。この人は本当にアメリカの裏の外交をやっている。

バルト三国だって巨大な役割をしたのは結局ソロスです。ラトビアの首都であるリガに行くとアールヌーヴォという、とてつもない建築がたくさんあって、観光客はみんなね、上を向いて歩く街なんだけど、そのなかでいちばんピカピカのビルがソロスのビルで、「オープン・ソサエティ」の本拠地だった。

ジョージ・ソロスは靖国神社の遊就館を「侵略戦争を正当化している」と批判
©Polaris/amanaimages

結局、彼が、オープン・ソサエティを作り東欧の各地に大学作って若者を育てて、チューリップ革命だのビロード革命を、裏で手を引いて東ヨーロッパに介入し、東欧諸国をごっそりNATO（北大西洋条約機構）に鞍替《くらが》えさせた。しかもEUメンバーにほとんどなったでしょう。プーチンとしてはカリカリくるに決まっている。ソ連時代の勢力圏がみんな西側へ行ったんだから。ポーランド

からチェコスロバキアまで！（その後、チェコとスロバキアに分裂し、後者はユーロに加盟）

馬渕　先ほど二〇〇三年のグルジアから、反プーチンの東欧カラー革命が始まったと申し上げましたが、その主犯格がジョージ・ソロスです。主役はサアカシビリという当時のシェワルナゼ大統領を倒して大統領になった男。彼はウォールストリートの弁護士で、ソロスの弟子です。

宮崎　サアカシビリはウクライナ国籍を付与されて、一五年の五月からウクライナの南部オデッサ州の知事やっています。月給七百ドルだそうです（笑）。祖国ジョージアからは職権乱用や汚職容疑で訴追され、指名手配されている。

馬渕　いや、月給は少なくても裏金がたくさんあるんでしょうけどね。

宮崎　グルジアの初代大統領・ガムサフルジアは詩人で、暗殺されました。二代目のシェワルナゼ。シェワルナゼなんてソ連時代の外務大臣じゃないですか。三代目のサアカシビリになったら突然、極端な西寄りになった。

西側が絶対に武器援助してくれると期待して二〇〇八年に戦争（南オセチア紛争）を始めたらハシゴを外されて何の援助もない。

馬渕　当時はブッシュ政権でしたけど、いっさい支援しなかった。サアカシビリはブッシュにハシゴを外されて、メンツ丸潰れでしょう。あのときに仲介に走ったのが、当時ＥＵ

の議長国フランスのサルコジだった。サルコジがロシアとグルジアの間を仲介してまとめたんですよ。したがって、アメリカの対応が今回のウクライナ危機とは大違いなんです。

ウクライナ危機、クリミア併合問題にしても、本来そういう仲介者が現れて、それでもうまくいかなかったら経済制裁というのが順序なのに、アメリカは仲介努力をすっ飛ばして、最初から経済制裁をロシアに課しました。その点も、今回のアメリカのやり方は違うなと、私は注意してみておりました。

アメリカ、いや端的にいってネオコンですが、その意図は、とにかくプーチンを追い詰め暴発させて引きずりおろすということを最初から決めていたという感じがしてなりません。

先ほどソロスの話で、サアカシビリが出てきましたけど、私はキエフのオペラハウスで国際会議のときにグルジアの大統領としてきていた彼と鉢合わせたことがありますが、立ち振るまいが自信に満ちたアメリカ人と思うぐらいの好青年というのがその印象です。

ウォールストリートで弁護士をやっていた男ですから当然といえば当然ですが。彼の背後にいたのがジョージ・ソロスです。

ウクライナの大統領はユシチェンコという親米派の、アメリカが据えた大統領ですが、首相はユシチェンコの同志ティモシェンコがやり、ヤヌコヴィッチになり、またティモシエンコになったんですが、第二次ティモシェンコ内閣のとき副首相をやっていたネミリアという男はジョージ・ソロスの門下生です。親しく話したことがありますが、いわゆる西側的価値観を持った有能な男でした。ジョージ・ソロスのオープン・ソサエティを支える「民主化スクール」の優等生です。

先ほど宮崎さんがおっしゃったように、そういう連中をジョージ・ソロスが養成して、東欧諸国、あるいは旧ソ連の共和国の政権に据えていたわけです。だからまさに、東欧カラー革命の背後にいたのは、ジョージ・ソロスなんです。

宮崎　しかしジョージ・ソロスは、どちらかというと民主党で、ジョージ・ブッシュに対する極端な批判者であり、しかもネオコンを批判している人ですよね。彼はユダヤ人なのにイスラエルのネタニヤフ政権をこっぴどく批判している。

馬渕　そこが面白いところですよね。ただ大富豪の民主党支持者と共和党シンパの間には、世界をグローバル市場化するという世界戦略に本質的な違いはありません。彼がやっていることをみれば、まさにネオコンと事実上同じことをやっているわけです。ネオコンと一緒、マケインと一緒になってやっていた。

宮崎　不思議です。精神的な意味で分裂してますね。

私はジョージ・ソロスについては何冊か本を書いたこともありますが、ハイエクの流れをくむグローバリスト、その経済・投資理論はいささか難解ではあります。いま中国が株暴落と人民元安の仕掛人はソロスだといって口を極めて批判しています（笑）。

国務省の「民主化」支援予算NED

馬渕　だからオープン・ソサエティという組織名自体が、まさに東欧諸国の内政に干渉することを意味している。NGOだなんて名ばかりで、実態は内政に干渉する一種の工作機関なんですよ。類似のNGOとして、アメリカの国務省が民主化支援予算として資金を提供している全米民主主義基金（NED）があるわけです。

宮崎　NEDはウイグルやダライ・ラマも支援しているでしょう。香港の「雨傘革命」といわれたデモでも背後で支援していました。

馬渕　そういう意味で、何度もいいますが、アメリカというのは世界の攪乱勢力であり、保守勢力ではありません。

ジョージ・ソロスをはじめとしたファンドマネジャーが、ビジネスの拡大のために、とにかく市場を開放させるというのが目的でしょう。彼らがいわゆる新自由主義者の経済学者と組んで行動しているわけです。ジェフリー・サックスがその典型で、エリツィン時代のロシアを「ショック療法」と称して市場原理主義的な改革でめちゃくちゃにした男です。

　私がプーチンにある意味同情的なのは、急激な市場経済化でめちゃくちゃにされたロシアを、なんとかユダヤ系の新自由主義者の手から取り戻したからです。当然ロシア国内にもそれに呼応する勢力がいたわけです。

　ユダヤ系の新興財閥《オルガルヒ》がエリツィン時代に雨後のタケノコのように出てきて、ガスや石油などの天然資源を握り、政治に介入するようになった。それをプーチンが大統領になってから、彼らの企業をどんどん潰して事実上国営化した。やはりこのように辛酸をなめさせられたユダヤ勢力がプーチンを追い詰めているというのが、表に出てきていない傾向だろうと思います。

宮崎　暗殺されたボリス・ネムツォフもユダヤ系です。

馬渕　ネムツォフは先ほどもいいましたが、支持率が一%ほどしかなく、八〇%のプーチンが倒さなきゃならない相手じゃないんですね。

　ちなみに、当時エリツィン政権の閣僚はガイダール第一副首相、チュバイス副首相、コズレフ外相、ブルブリス国務相などほとんどユダヤ系です。プリマコフ首相もそうです。

宮崎　そのときは景気良かったけども、エリツィンのまわりからユダヤが去ったらとたんに貧乏になったというジョークを、ロシアに行ったらよく聞かされましたよ。

馬渕　そのジョークはユダヤ人批判を込めた皮肉でしょう。実際、エリツィンの下で羽振りが良かったのはユダヤ系新興財閥とそれに群がった人々で、一般庶民はそうではなかったんです。

だから、エリツィンの支持率は一%を切るほどまでに低下しました。そこにプーチンが出てきて、ロシアの資源はロシア人のものだといって、ロシア経済を立て直した。でもそれがユダヤ系というか、グローバリストにとっては許せないわけです。

だからプーチンを倒そうとした工作が、ウクライナ危機だった。たとえばソチオリンピックの開会式で欧米各国首脳のボイコット理由が、プーチンが同性愛結婚を認めないからだ、というじつにくだらない理由でした。

宮崎　いや、他に理由がないから、探しあぐねた結果、これでいこうと（笑）。

馬渕　反面、明らかに人権弾圧している中国の北京オリンピックのときには、そろいもそろって出席した。

宮崎　そうでした。ソチ・オリンピック行ったのは安倍首相、エルドアンと習近平ぐらいでしょう。

ロシアとトルコの対立を解消するカギは安倍総理

宮崎　これまでの話をまとめると、冷戦後ロシアにとってバッファーゾーンだった東欧にアメリカがカラー革命を起こし、ウクライナ危機はその延長線上にあるということですね。ロシアでの「アラブの春」をプーチンは防ごうとしただけで領土拡張の野心は小さい。そこにウクライナ問題の本質がある。

日本の新聞はまるでアメリカの新聞の引き写しのようで、ウクライナ危機も「プーチンが悪い」一色です。

馬渕　産経新聞も含めてそうですから。そもそも、ウクライナ危機を起こしたのは私はアメリカのネオコン勢力だったとみてますが、その影響下にあるのがアメリカのメディアであり、アメリカメディアの影響下にあるのが日本のメディアですから、反プーチンの言論に立つのは当然といえば当然です。それが安倍首相の日露外交の足を引っ張ることになる。産経でさえプーチン訪日は時期尚早だと反対している始末です。

新聞報道でもわれわれがとくに注意しなければならないのは、このように全紙が同一の論調で紙面をはっているときです。最近のケースでいうとたとえばＴＰＰ。産経も含め全紙が推進賛成しているときは必ず何か裏があるとみたほうがいいでしょう。

話をもどすと、本章の冒頭で申し上げたとおり、アメリカの覇権に挑戦しているのは中国です。南シナ海への侵略、ＡＩＩＢ（アジアインフラ投資銀行）設立や人民元のＩＭＦ（国際通貨基金）のＳＤＲ（特別引出権）入りによるドルへの通貨戦争を仕掛けているのは中国なんです。

それはアメリカのメディアもわかっていて、中国に対して好意的だった報道も、二〇一五年の三月あたりから、明らかに変わり始めました。中国に対して警戒心が強くなった。そういう情勢の変化があったからこそ四月の安倍首相の訪米は成功したんです。そうでなければ、前回の二〇一三年の訪米の二の舞になりかねない可能性はあったんです。

だから日米で協力して中国の暴走を抑える。そのためには、ロシアを中国ではなく、日米の側につけるということが重要です。それはロシアもわかっていて、第一章で述べたトルコでの密談で中国側にはつかないと事実上アメリカに保証したのだと私はみています。その代わり、シリアの空爆はロシアの自由にさせる。当面は、米露接近で台頭する中国を封じ込めるという路線にシフトしていた。

宮崎　それで馬渕さんは、トルコに注目なさっているわけですね。

馬渕　さしあたってはトルコとロシアとの関係。やはりロシア軍機撃墜についてエルドアンがプーチンに頭を下げるしかありません。もちろん、表立ってはできないから、その裏の仲介を誰ができるかというと私は安倍さんしかいないと思います。

宮崎　確かに安倍さんはプーチンともエルドアンとも仲がいい。オバマもオランドも習近平も逆立ちしても、このような立場を得られないでしょうし。

馬渕　ＮＡＴＯのメンバーであるＥＵはトルコ側に立たざるをえませんし、アメリカは論外ですから。そう考えると、仲介できるのはもう安倍さんしかいないんですよ。

宮崎　安倍さん、やりますかね？　なにしろ、総理はプーチン訪日を後回しにしてでも、ロシアに先に行くらしいじゃないですか。

馬渕　私は、行ってもらったほうがいいと思います。そのときにエルドアンの真意を伝えて、表向きはロシアも矛を収めると。そうすれば世界を救うのは安倍さんということに必ずなります。

インドとロシアは似ている

宮崎　中国を封じ込めるうえで、もうひとつカギをにぎる国はインドです。昨年（二〇一五年）末にも安倍総理は訪印してますが、目的は新幹線の調印式でした。

インドのハイテクシティの近郊は高層マンションが林立（写真・宮崎）

馬渕　やはりムンバイとアーメダバード（五〇五㎞）を結ぶインド初の高速鉄道建設で日本の新幹線方式が採用されたことは、日本のインフラ輸出戦略からいえば大きいですから。最終的に安倍さんが行ってきちっとそこでやらないと、土壇場で中国に高速鉄道の受注を奪われたインドネシアの教訓をくんで警戒したからでしょう。

ただインドに赴任した私の経験からすると、この国に関して心配はしておりません。中国の高速鉄道など入れるはずがない。中印対立というのは根深いですからね。

一九六二年の中印国境紛争でのインドの敗北はインド人のナショナリズムを目覚めさせるとともに、中国に対する警戒感を高めました。それまでは、中印は非同盟運動の両雄であったのですが、国民感情が一気に反中に転化しました。

インド国内の中華料理店が中国的な名称から日本の名称に変えるといったことまで起こりました。私がよく利用したニューデリーの日本大使館近くの中華料理屋も「フジヤ」という名前で営業していましたよ。

当時のネルー首相は建国以来親中政策を取っていましたが、これで方向転換したのです。その後、中国がインドの宿敵パキスタンに接近したため、インドの中国不信感は一層高まりました。一九七一年にキッシンジャーが秘密裏に訪中した際、米中の仲介をしたのは、パキスタンでした。中国とパキスタンの友好関係は現在も維持されています。

宮崎　インドへ赴任されてたのはいつでしたか？

馬渕　一九七一年から七三年までです。お母さんのガンジーさんの時代、インディラ・ガンジー政権時代です。

宮崎　私も七二年、バングラディッシュが独立した年にインドへ初めて行きました。まだあちこちにバングラ独立戦争のときのパキスタン兵の捕虜収容所があったのを鮮明に覚えています。

また、タクシーがボロボロでね、床に穴が開いていた。アショカ・ホテルの前に三百台くらいタクシーが待ってる。お前どれくらい待った？　一時間くらいかかって聞いたら違う、三日待ったって（笑）。

馬渕　まあ、そういう古きよき時代です。当時日本はインドに関心がなかったですね。中東の石油と東南アジアへの経済進出に忙殺されて、ポコッとインドが空いちゃっていた。

宮崎　アメリカはパキスタンを支援していたから、インドはソ連に寄らざるをえなかった。だからインドの武器体系はいまでも九五％はロシア製です。いきなりアメリカが行ったところで、軍事演習、共同演習をやるといってもシステムが違うから、なかなかね、うまくはいかないと思います。

馬渕　東西冷戦時代は、アメリカはパキスタンを支援してましたからね。アユブ・カーン大統領の時代は、パキスタンは世銀（世界銀行）の優等生といわれるくらい経済発展が顕著で、社会主義政策をとっていたインドとの差が歴然としていました。

外務省でも変ないい方ですがデキる者のほうがパキスタンに行ったんですよ。当時はインドよりもパキスタン大使館のほうが仕事も多く人材が揃《そろ》っていました。

私はインドとロシアは似ていると思います。ロシア人は極寒の地に耐えながら生活していますが、その逆がインドなんです。インド人は日本人からみて働きが悪いとかいろいろいいますけど、あの暑いなかで働いてるんですよ、インド人っていうのは。すごい忍耐力というか、そういう強靭《きょうじん》性があるんですね。

インドに赴任していた当時は、まさかその後自分がロシアに行くなんて思ってもみませんでした。共産主義の時代だし、私はロシア語ではないから。本で読んだソ連の国内事情がインドに似ていると、当時の自分の日記に書いていました。

そのころソ連に勤務していた人がインド大使館に転勤になって、モスクワに比べてニューデリーのほうがまだ物があるっていうので驚いた記憶があります。われわれはインドには物がないと不平たらたらでしたから。

宮崎　インドとロシアは似ているという指摘は重要です。外交的にも両国はものすごく仲がいいですしね。

中国包囲網にASEANは役に立たない

宮崎　結局、中国の南シナ海進出で、ASEAN（東南アジア諸国連合）は一見団結したようにみえて、中国の札びら攻撃によってラオス、カンボジア、タイと崩れました。スーチー政権になったミャンマーが崩れるのも時間の問題。中国に領海侵犯されているベトナム、フィリピンはともかく、ガタガタのASEANなんだけれども、インドだけはしっかりしていますね。

よくよく考えてみれば、東アジアは日本を含めてほとんどみんな中国の経済圏、生産と流通のシステムにビルトインされてしまった。

したがって、中国の顔色をみざるをえない。あのフィリピンでさえ、中国をあれだけ強くののしりながら、しかしフィリピンの経済界は中国と貿易をしたがっている。

そこへいくと、インドが健全な理由は、中国の生産流通のシステムからまったく独立しているからです。だから中国の影響を受けていない。それでいて二〇一五年度にGDPは、七・四％成長。すごいですよ。中国はIMFあたりも六・八％なんていってますが、私の推測ではおそらくマイナス一％、日本はかろうじてプラス一％ですから。

馬渕　私は日本に対してはもう少しポジティブにみております。日本経済もある程度中国経済にビルトインされているかもしれませんが、少なくとも中国に対する幻想からは覚めたと思うのが一点。

それからもうひとつは、安倍外交が中国包囲網を構築しようとしているという点です。保守系でもASEANは中国包囲網に入っていると評価する向きがありますが、たとえそうだとしてもASEANのような弱い国が中国を包囲できるはずがありません。極論に聞こえるかもしれませんが、中国包囲網はインドとロシアでいいんですよ。

今回の高速鉄道もそうですが、安倍政権はインドと良好な関係を築いています。

一五年末に慰安婦問題の最終合意が結ばれた結果、今後日韓関係が進展することが期待されていますが、本当のことをいえば韓国が中国と距離を置くようになるか大いに疑問です。ロシアとインドで挟めば、中国はもう終わりです。安倍総理にはその戦略的思考があると私はみています。

宮崎　地政学的にいえば、まったくおっしゃるとおりです。

先日、アーメダバードにあるガンジー記念館も行きましたけどね、あのガンジー記念館の売店に、インド独立のリーダー・チャンドラ・ボースの本が売っていました。チャンドラ・ボースが復権してるんです。カルカッタで復権するのは当たり前なんだけど、アーメダバードというか、いってみればガンジーの「聖地」でさえチャンドラ・ボースが評価されている。モディ首相の地盤は、このアーメダバードです。これはインドの新事態といっていい。

インド各地にあるガンジー像（写真・宮崎）

馬渕　同感です。インドが目覚め

る意義は大きくて、ある意味で中国よりも日本に対するインパクトは大きいです。インドは中国と潜在的に対立しているので、日本はインドの発展を黙々と支援して行けば良いのです。

宮崎　頼もしい限り。もっと話を飛ばせば、いざとなったら日本はインドから核兵器を買えばいいんですよ。防衛条約結んで。

馬渕　原子力協定結びましたからね。

宮崎　日本が攻撃された場合は、報復能力はインドに託すとか、密約でもいいから結べばいい。

馬渕　それを極論すればロシアとでもいいわけです。

宮崎　ただ、日本人のロシア・アレルギーが続いている以上その選択は難しいでしょう。大東亜戦争の敗色が濃くなってから突如の対日参戦、シベリア抑留、北方領土占領は事実ですから。

日本はロシア・アレルギーを克服できるのか

馬渕　第二次大戦のときに攻めてきたのはロシアではなく、ソ連です。われわれはソ連＝

「安倍派」といわれたこともある親日的なモディ
©Press Association Images/amanaimages

ロシアになっていてなかなか区別できないんですけど、ナチスドイツといまのドイツが違うように、ソ連とロシアもまったく別の存在です。本来スラブ主義のロシア人と共産主義は合わない。

それはなぜかというと、私はいろいろなところで書いているんですが、ロシア正教というのは性善説だからです。日本人からするとカソリックもプロテスタントもキリスト教徒は全部同じだと思っていますが、正教はまったく違う。

カソリックもプロテスタントも原罪説（人は生まれながらに罪を背負った存在だとする教義）を信じていますが、正教は原罪説をとりません。人は善なるものとして神に創られたというのが、正教の教義です。

正教は性善説だから日本の神道とも、ものすごく親和性があります。正教の教会が私たちの身近にないため、そのことが浸透しませんが。

宮崎　ソルジェニーツィンの訳者だった木村浩さんが亡くなったときに、御茶ノ水のニコライ正教会で葬儀をやったので、私も参列しました。ちなみに彼はロシア正教徒でした。

ソ連体制を痛烈に批判したソルジェニーツィンは結局、自由主義にはまったくなじまなくて、大スラブ主義を唱えただけです。

馬渕　ソルジェニーツィン含めてロシア人がいうのは、自分たちはロシアという、母なる大地を離れては、ロシア人として生きられないということです。そのことが実際にロシアの大地で生活した私には本当によくわかりました。

そういう土地に対する深い愛着の思いっていうのは、日本人と大変よく似ております。われわれも日本列島に住んでいるから日本人であって。そういう感情を強くしましたね。

そのような国民性という点でロシアと日本は自然な同盟関係が結べるはずだと私は思っています。グローバリズムを徹底して生きるのはたいていの日本人にはなじまない。ところがロシアにも日本にもグローバリストはいるわけです。プーチンの側近といわれているメドベージェフ首相がそうです。だから私は真のナショナリストであるプーチン大統領と安倍首相のときに、確固とした日露関係の基盤が築かれることを期待しております。

宮崎　ソ連への反共アレルギーがまだ強く残る、日本の保守陣営が聞いたらびっくりするような話です。

第二部

「市場」の正体

第五章

新自由主義の正体

国民無視の「サイプライサイド・エコノミックス」

宮崎　第二部からマーケットの話題に移りたいと思います。

　いま、日本を依然として覆っている市場原理主義的な、なんというか市場原理主義ともいえない、不思議なグローバリズム、マネタリズム。一言でいうとカネが政治を支配している。

　岩井克人（東大名誉教授）の語る「アベノミクス」評価とはこうです。


　本来ならリベラルの政策だ。それを日本では保守政党が採用したという政経のねじれがあって非難も多い。

　当初の期待より遅いがインフレ率の上昇でも、失業率の下落でも効果はでてきている。（『日本経済新聞』二〇一六年一月三日）

　案外、アベノミクスが円滑化しないのは、こういう理由かもしれませんね。
馬渕　実体経済の専門的なことは、足で情報を稼いでらっしゃる宮崎さんにお任せするとして、その背景にある思想に目を転じると、日本にはびこっているのが「新自由主義」の問題であることがわかります。

新自由主義というのは簡単で「小さな政府」にして、すべて市場に任せろという話です。

ご承知のように、新自由主義というのは「経済への国家の介入は有害」であるとするフリードリッヒ・ハイエクから始まり、ミルトン・フリードマンに継承されますが、「サプライサイドエコノミックス」といわれた。

これは有効需要の創出に重きをおいたケインズ学派に対して、サプライサイド、すなわち供給側に重点をおいた経済政策です。その実態は企業の利益を第一に考えるエコノミーなんですが、それでは供給中心のエコノミーの典型は何かといえば、じつは共産主義経済です。

ケインズ的財政政策を批判した「シカゴ学派」の雄・ミルトン・フリードマン
©Hulton-Deutsch Collection/CORBIS/amanaimages

新自由主義と共産主義の根は同根であるというのが以前からの私の説ですが、サプライサイダーにおいても軌を一にしている。つまり、消費者のこととか雇用を考えないのがその本性です。まったく考えないかは別にしても、少なくても二義的で、消費者がどうすべきかは供給者が決定する、そういう理論です。

かつてソ連に勤務していたときに流行ったジョーク（アネクドート＝小話と呼ばれ、体制批判のものが大半でした）にサプライサイダーの共産主義を茶化したのがありました。あるソ連人が店員にこれこれの品物が欲しいといったら、店員は「今日はその品物の需要はありません」と答えたという話です。

宮崎　一九八〇年に、レーガン大統領となって「小さな政府」、自由放任主義と言い出して、それと同時にミルトン・フリードマンの本が爆発的に売れました。本来フリードマンとレーガンというのは思想的にみれば対極にある人なのに、サプライサイダーがレーガン経済学の中心軸かのようにいわれたことがあって、『選択の自由』（一九八〇年、日本経済新聞出版社）は日本で百万部売れた。

フリードマンの一番弟子だったスプリンケルが、レーガン政権の財務次官となり、通貨政策を担当したのです。私の友人がこのスプリンケルの著作を翻訳しました。

一四年のトマ・ピケティ『21世紀の資本』（みすず書房）が出たときのように、当時もサプライサイド経済学の解説本がボッと売れて、誰も咀嚼《そしゃく》できなくて、ポッと消えたんだけど。フリードマンの影響はまだ根が深いですね。まるで「フリードマン教」といっていいくらい。

馬渕　アベノミクスの三本目の矢「民間投資を喚起する成長戦略」というのも基本的にフリードマンの理論ですね。

おそらく日本の通産官僚（現経済産業省）や財務省は「シカゴ・ボーイズ」（フリードマンの一派で、その当時はラテンアメリカの出身者が多く、後にチリのピノチェット政権の経済政策を担うことになる人々）の亜流なんでしょう。だからいつまでたっても日本は経済成長に移れません。先ほどいったようにサプライサイドの本性は国民の暮らしをよくする経済成長が頭にないからです。

じつは反日だったレーガノミックスの影響を受けるアベノミクス

宮崎　「アベノミクス」を「アホノミクス」と酷評する向きも目立ちますが、レーガン政権の矛盾を改めていいますと、「小さな政府」をレーガンが採用して成功した。アメリカの景気がよくなったということでサッチャーがこれを応用し、イギリスもサプライサイドに固まったような印象を受けた時代があって、それが八〇年代ずっと続く。ところがそれを日本は日本に融和的な政策だと思い違いをしてレーガンに依存したのですね。

レーガン政権がやったことは何かといえば、日米円ドル委員会、スーパー301条、それから産業競争力委員会が提出したヤングレポート。このレポートは日本の競争力をへこますためにＩＴに関しては韓国をてこ入れする。これはたまたまこの委員会に出席していた、故・片岡鉄哉氏（政治学者）よりアメリカがとんでもない報告書を作っていると伝えられました。

つまり、私がいいたいことは、親日的と思われていたレーガン政権の財務政策、経済政策に関しては、けっして親日的ではなかった。むしろ日本経済の頭を押さえたということで成功しちゃった。それをいまだに日本は引きずって、あの失敗した経済理論を、われわれの経済政策に使おうとしているのは問題だということです。

馬渕　その極みが一九八五年のプラザ合意です。

これにより日本は急激な円高（合意前一ドル二三〇円台のレートが、一九八七年末には一二〇円台のレートで取引されるようになった）となって、低金利により資産バブルを煽られて、それが破裂し以後、今日まで続くデフレに苦しめられている。

プラザ合意がデフレの元凶

宮崎　日本の失われた十年二十年といっているけども、そもそもどこから始まったかとい

アメリカの「ジャパン・バッシング」の歴史

年代	項目	主な内容
1984	日米円ドル委員会	金融の国際化・自由化などを要求
1985	プラザ合意（G5諸国）	ドル安・円高誘導
1988〜1999頃	スーパー301条	アメリカが相手国に貿易障壁と認めたさいの、制裁措置として高関税を実施。日本では1989年にスーパーコンピュータ、人工衛星、木材加工品の3分野が「不公正」と特定された
1989〜1992	日米構造協議	大店法改正や公共投資増額など日本の内需の拡大と、商慣習を改革しアメリカの貿易赤字解消を図った
1993〜1999頃	日米包括経済協議	日米構造協議の継承
1994〜2009	年次改革要望書	人材派遣の自由化、大店法の廃止、司法制度改革、アメリカ型の経営形態導入、外国企業の日本参入、会社合併手続きの簡素化、保険業の自由化、郵政民営化、独占禁止法の強化、医療制度改革など実施
2010〜	TPP（環太平洋経済連携協定）	農業など日本市場の完全自由化。外国企業や投資家が損失・不利益を被った場合、国内法を無視して世界銀行傘下の国際投資紛争解決センターに提訴することが可能なISDS条項（ISD条項）なども

うとおっしゃるとおりプラザ合意なんですよ。

では、なぜ日本はプラザ合意を受け入れたか。その前にも一九七三年にスミソニアン協定があって、円が一ドル三六〇円から三〇八円に引き上げられたときにも、合意にいたる前段階で、日本政府が譲歩できるのは一七%だということをアメリカに電話で盗聴されていた。そのときの大蔵大臣は愛知揆《き》一《いち》。プラザに関しては竹下登が大蔵大臣でしたが、これはもう不意打ちみたいなものだった。

「私の名前は登《ノボル》、だから円は上る《ノボル》」なんて冗談にもならないことをいって、まったく緊張感がない。

馬渕　まさかそんな条件を日本が飲むと思わず、むしろアメリカ側が驚いた。そういう話が私のところへも聞こえてきました。

当時は日独機関車論と盛んにいわれて日本とドイツが、内需振興やって世界経済をリードしろと。その結果、日本はじっさい内需振興に切り替えて、韓国のように輸出依存の経済でなくなったんですが。

もうひとつは、前川レポートが出て、内需主導型の経済成長、輸出入・産業構造の抜本的転換、金融資本市場の自由化・国際化の推進、およびマル優などの貯蓄優遇税制の抜本的見直しなど、要するに構造改革を提言した。これはアメリカ型の社会、経済にするというレポートでした。

宮崎　プラザ合意の後、円高で輸出産業は壊滅的打撃を受けました。その前の、七一年の日米繊維交渉でも日本海側の繊維工場は機械を壊したら報奨金出すということで、みんな転職しましたが、プラザ合意でも、大手を除いてほぼ輸出産業は壊滅状態。繊維、スポーツシューズ、雑貨から、電機部品はごっそり台湾、香港に移転させられた。それが当時の経済界でした。

その一方で、円が強くなったためカネは余った。その余ったカネの行く先が不動産と株。不動産がめちゃくちゃに上がった。あのバブル景気に酔いしれてね、プラザ合意の危機の本質を日本人はわからないまま五年間が過ぎた。

　そしてもうひとつが株高。銀座の高級クラブがものすごくはやって一時間は外で待たされる。そして一時間くらい座ると次の方待ってらっしゃるからって追われる。それだけでひとり二万円もとられる。あのバブルが、つい先日までの中国にあったわけです。バブルが終わったとたんに、日本はずっと右肩下がりの十年になって、これで終わると思ったら、またその後十年も続いて、今日まだ右肩下がりなんですよ。

　その低迷の始まりはプラザ合意だった。それをやすやすと呑んだ、日本の政治のリーダーシップのなさというところに帰結するのではないですか。

「失われた二十年」と中国経済の高度成長はワンセット

馬渕　もうひとつはやはり国際金融に対する、見通す力が弱かったということだと思います。
　いまおっしゃった日本国内での不動産投資と株高に加えて、当時はアメリカの不動産や企業を買いまくった。三菱地所がロックフェラーセンターを買収し、ソニーはコロンビア・ピクチャーズ・エンターテイメントを買収した。もっとも、そのあとロックフェラーセンターは二束三文で買い戻されましたけども。

宮崎 「秀和レジデンス」が、ロスの、ウィルシャー通りの主なビルを片っ端から買って、『ウォールストリート・ジャーナル』に小林茂社長の似顔絵がほぼ連日出ていましたよ。

馬渕 いまの中国がやっているのと同じことなんですよね。バブルがはじけたときに、全部二束三文で買い戻されちゃったわけです。

宮崎 中国はウォルドルフ＝アストリアという天下の名門、歴代大統領の宿舎で地下には大統領専用のホームまであるというホテルまで買った。しかし土地は持って帰れませんから。

馬渕 逆に言えばね、中国が世界で買いまくった不動産はいずれ安値で全部買い戻されるだろうと。それは想像がつきます。

いままでは日本潰しだったことがはっきりしてるんですが、バブルは意図的に崩壊させられたわけです。ピークには株価が三万九千円目前までいきましたから。三重野康《みえのやすし》日銀総裁のバブル潰し、緊縮財政です。

宮崎 それと大蔵省（現財務省）が指導した総量規制によって銀行は貸しはがしがはやりました。

馬渕 皮肉なことに、当時の宮沢内閣は「資産倍増計画」というスローガンを打ち出して、結果、資産が半減しちゃったわけですね。緊縮財政が冷戦後の日本経済のスタートとなり、マネーサプライが足りないためデフレが続いたという構図がこないだの白川方明《まさあき》前日銀総裁まで続いていた。

それでは、なぜ日銀はかたくなに金融引き締めを行って、通貨を供給してこなかったのか。

日銀の政治からの「独立性」はよくとりざたされますが、日銀も含めた「セントラルバンカー」たちの国際的な意志が働いて、日本はずっとデフレ下に置かれたと私はみています。そしてその間に起きたのが中国の高度経済成長です。つまり、日本の失われた十年、二十年と中国の経済発展は対になっていたわけです。日本が円高でデフレ下にあるため輸出が低迷し、日本の企業は中小企業を含め人件費の安い中国に進出せざるをえなかった。

アメリカの国務長官のジェームズ・ベーカーは「冷戦の真の勝利者は日本」だといいました。この発言の裏をよめば、アメリカにとって日本が経済的な仮想敵国ナンバーワンだということです。日本、それからドイツが。

先ほど話題にあがった、日米構造協議やクリントン政権時には「年次改革要望書」を突きつけてきて、日本の経済を次々アメリカ化していった。これが今日まで続いている日本の現実です。

日本はアメリカの「法律植民地」

宮崎　その根本はアメリカから押し付けられた日本国憲法にあります。憲法というのは国の基本方針だから、これが変わると刑法、商法、民法、みんな変わるわけです。気がついてみたら判例が、日本的、伝統的、温情主義的判例が、みんな覆っていた。いうならばいまの日本はアメリカの「法律植民地」みたいなものですよ。

大店法（大規模小売店舗法、七四年施行）が出てきて、日本の伝統的な商店街はほぼみんなシャッター通りになった。酒屋さんはコンビニになり、魚屋さん、豆腐屋、八百屋さんはスーパーに入らざるをえなくなった。

これが流通革命だなんていっている人もいる。確かにそういう面もありますが。

それから企業のコーポレートガバナンスの問題もそうだけど、アメリカにとっていちばんの眼目は独占禁止法です。これがいちばんのディープポケットで、企業を訴えて企業からカネをむしりとった。こういう思想が日本に入ってきたわけですよね。そうすると、日本的経営といわれた終身雇用、年功序列が崩れましたでしょう。会社への忠誠心というのもほぼ消滅しかけて、転職は自由になった。

それからもうひとつ入ってきたのが、M&Aですよ。つまり企業合併、買収。日本にまったく合わない手段での敵対的買収。株式公開買い付けがどんどんはやりだした。飛躍したことをいえば、東京の都市の風景をみていても、アメリカと変わらなくなってきた。東京の街を展望すると、ビルが白くみえるんですね。なんかカサブランカみたいな白い都市に。風景まで変えるというのは考えると恐ろしいことです。

馬渕　七〇年代までは、まだ通産省は頑張っていたんですよ。ところが、プラザ合意以降、まったくアメリカのいうままで、その結果日本がシャッター街になってしまった。

日本は年次改革要望書を突き付けられたわけですが、文字どおり単なる要望にすぎず、法的根拠などありません。

しかもアメリカ政府の要望ではなくて、アメリカ企業の要望にすぎない。アメリカ政府の要望だと都合よく勘違いしたのか、あるいは日本の官僚は真面目だから、それをもとに自分たちの権限を増やそう、予算を取ろうと。そういう側面も確かにあって、真面目に受け止めて、少しずつ日本の伝統的な日本的経営方式を変えてきたんですね。それがいまやすっかりアメリカ化してしまった。

私もびっくりしたんですが、企業のPRにしても横文字ばっかりでしょう。弊社はソリューションを提供します。なんのことかわかりませんよね。ソリューションという英語を使って自社のPRをしているんですよ。

宮崎　パソコン開けたってそうじゃない。「このビューにはアイテムがありません」とか(笑)。

コーポレートガバナンスによる支配

馬渕　それと宮崎さんがおっしゃったコーポレートガバナンスコードが曲者です。

商法改正になるとさすがになかなか国会を通らないし、商法改正ではどうしてもできないこともある。

そこで、コーポレートガバナンスコードというものにして、つまり法律ではなく、非公式の規範を作って、しかもいやらしいことに、金融庁と東証が組んで、これを守らない企業は上場させない。

あるいは上場してても取りやめる。そういう権限を事実上持っているわけです。だからコーポレートガバナンスコードの中身を読むと、びっくりします。

典型的なのは、社外取締役を入れろ、社外監査役を入れろという箇所です。会社内の人間が監査役になるのはけしからんと。経営も、人事も、外部の人間からなる委員会方式でやれと。おかしなことに会社の社長が経営や人事に直接タッチしてはいけないということなんですよ。

宮崎　完全にアメリカの思想ですよ。グローバリストたちの暗躍があったわけでしょ。

馬渕　まさに日本的な、家族的経営が失われます。大企業だって一種の家族的な紐帯《ちゅうたい》があったわけですから。

ガバナンスコードで縛られていることと、それと結局裏腹の関係なんですが、派遣社員など非正規雇用が全体の三割を超える（厚生労働省）。これでは会社の一体感がなくなるはずです。派遣社員の目的は労働コストを下げるためで、サプライサイドエコノミックスの典型です。

奪われ続ける「日本」

宮崎　その代わり、役員の報酬を高くする。

人口学者で有名なエマニエル・トッドはこういっています。

従業員は同時に製品・サービスを買う消費者であるということが忘れられ、いかに人件費を安く抑えるかということに個々の企業は腐心するようになります。その結果が正規雇用の減少、非正規雇用の増大です。非正規雇用の労働者の生活は不安定で下層階級を構成するようになり、結婚もできないか、結婚して子供ができても十分な教育を授けることができないので、子供の世代も下層階級に留まることになり、格差社会になってゆきます。このように、自由貿易は労働者を不幸にし、社会を不安定にするのです（『WiLL』「日本の未来は明るい」二〇一六年二月号）。

馬渕　じっさい、世界ではものすごく格差が広がってますね。東洋経済の『役員四季報』によれば年収一億円以上の役員報酬をえている上場企業の役員は四百四十三人いるようですが、それでもまだ日本は少ないほうだと思います。

宮崎　日産のカルロス・ゴーンは十億円（二〇一四年度）。それに対してトヨタの社長は二億円台。

馬渕　昔はそうじゃなかった。経営者でももっと低かったですよね。

宮崎　元住友電工社長の亀井正夫さんが財界で活躍されていたころ、よくインタビューに行ったのですが、余談で聞いたら、年収五千万といっていた。そのうち三千万が税金だから、手取り二千万しかないんですね。

馬渕　でも手取り二千万というのは、事務次官より多いんですよ（笑）。国会議員よりも多い。

宮崎　あ、それはそうだ。しかし社長だから、むやみに交際費が出ていくでしょう。会社が交際費認めてくれない。ですから高額所得者という自覚がないといってましたね。

馬渕　二〇一一年の福島原発事故があったとき、当時の東電の社長の年収が六千万と驚いていましたが、そんなに多いというわけではありませんね。民間企業で一億円以上もらっている人が四百人以上いますから。われわれの時代は上下の差額が百倍とか絶対になかったんですが。

宮崎　日本の会社は人生の場でもあった。だから、企業が利益を上げたら、まず従業員にボーナスをあげて、それから役員報酬もちょっといただいて、残りを株主配当。アメリカは逆でしょう。まず株主にごっそり与えて、次に役員ががっぽり取って、残りカスを従業員に渡す。こういうアメリカのドライなやり方が、とうとう日本に入ってきたばかりか、間もなくこれが主流になりますよ。恐ろしいことです。

馬渕　結局、企業がグローバル競争をやろうと思えばコストを下げざるをえないということです。その場合の最大の問題は、同時に製品の質も下がってくるということなんです。

これは拙著『日本「国体」の真実』（ビジネス社）でも詳しく書きましたが、企業というのは一種の共同体精神で運営されてました。宮崎さんもおっしゃったように、会社はわれわれの生きがいの場でもあり、もう少しかっこよくいえば、魂を磨く場でもあった。精神修行の場でもあったんですね。

これは江戸時代の昔からそうで、鈴木正三《しょうさん》（江戸前期の臨済宗の僧。仮名草子作者）とか石田梅岩《ばいがん》（江戸中期の心学者）が仕事を通じて自分を磨くことを説いていた。日本はそういう文化があった。アメリカはそうじゃない。仕事＝労働で、労働は苦痛だから、早くそれを辞めて、リタイヤしてゆっくりのんびりするという発想です。

仕事を苦痛とみるか、それとも精神修行の場とみるかで一八〇度違うわけです。そういう、自分の修行の場を提供してくれるのが会社であって、そこは社長もお茶くみの女の子も、みんな広い意味での家族であって、だから社員運動会なんかがあったんですよ、昔はね。

宮崎　ありましたね。それから和気藹々《わきあいあい》だった社員旅行。

馬渕　いまでは飲み会にすら参加しない。

宮崎　面白いのは「同じ釜の飯を食った」という表現が、いまの人たちにはわからないらしいね。これは連帯感も意味した言葉ですが、飯もコンビニでみな好き好きに買って食ってるから「同じ釜の飯」という意味がそもそもわからない。

竹中平蔵とは何か

宮崎　それはさておき、会社の話に戻すと、極め付きは何やったかといったら、道路公団の民営化、郵政民営化ですよ。これで止めを刺されたとみていいんじゃないですか。

つまり道路というのは国家のものであり、郵政というのは、コストじゃなくて、もっと大事なコミュニティの連絡とか、相互信頼関係の拡充とか、そういう役目が郵便局にはあった。これをぶっ壊した罪は大きい。日本社会の伝統的な構造を破壊したことになる。

竹下、宮沢、橋本、小泉の歴代首相がいってみれば戦犯です。小泉さんにいたっては政界を引退したのに脱原発を唱えている。アメリカの指令で動いているんじゃないかと嫌でも邪推したくなります。

馬渕　アメリカからの圧力でそうならざるをえないのでしょう。また、歴代総理がどれほど意図していたかはよくわかりませんが、取り巻きが吹き込んだ面も多分にあると思います。

たとえば竹中平蔵氏です。「構造改革」の名のもとにアメリカという外圧を利用して日本経済を引っ掻き回した張本人です。サプライサイドエコノミックスの権化といっていい。

りそな銀行とＵＦＪ銀行は「竹中プラン」（二〇〇二年）で潰されたようなものです。「二〇〇四年までに不良債権を半減させる」と猶予のない厳しい注文をしたあげく、不良債権処理をお題目に、自己資本比率の項目である「繰り延べ税金資産」を算入制限することにより潰さなくていい銀行まで破綻《はたん》させました。

三井住友銀行は増資により破綻を免れましたが、増資を引き受けたのはゴールドマン・サックスで、そのＣＥＯであるヘンリー・ポールソンと三井住友の頭取をつないだのが竹中氏です。竹中氏の改革を結果からみれば日本の銀行を強引に潰し、ゴールドマン・サックスを日本市場に呼び込んでしこたま稼がせただけだとの批判が出ています（『市場と権力』佐々木実著、講談社）。

宮崎　バブルが破裂して真っ先にきたのが、銀行再編だった。それは何かっていったらＢＩＳ規制（自己資本比率規制）ですよ。あのときは自己資本率を八％（バーゼル１）と決められましたが、バーゼル２、バーゼル３とどんどん規制が厳しくなってきています。銀行が持ってる債権が不良債権化すれば、たちまち資本率を割り込む。

馬渕　山一証券のケースもそうですが、彼らが経営に失敗して、破産したんだったら、それはやむをえない。資本主義の法則です。しかし計算方法によって債務超過を勝手に決めつけるやり方が問題です。

新聞全紙が推進を賛成するTPP最大の問題点

馬渕　TPP（環太平洋パートナーシップ）の妥結にしても全貌《ぜんぼう》はうかがえず、憂慮の念にたえません。一点だけメディアに取り上げられていないTPPの根本的な問題点を指摘させてください。

それは農業です。関税障壁として農業がやり玉にあがりますが、農業を経済の一分野とのみとらえるのは大間違いで、日本という国家の成り立ちと密接に結びついているのが農業です。したがって、外圧により国内の農業の衰退をまねけば、即、文化としての国力低下につながり、ひいては工業やサービス産業の低迷となります。つまり製品の質が劣化することにより、国際競争力も失われるのです。

農業が足を引っ張るのではなく、農業が日本文化を根底から支えていることを私たちは忘れてはなりません。わが国の農業問題は国体という観点から論じられなければならない問題なのです。

宮崎　TPPがもし発効すると仮定した場合、関税撤廃が九五%、農産品も八一%の品目で関税がなくなり、これにより自由貿易は飛躍し、経済発展に大きく寄与するだろうと日本の財界はアベノミクスの行き先に過大な期待を寄せている。
　新規雇用が八十万人、効果は十四兆円などと試算され、メディアが騒いでいますが、日本経済は本当に再生するかは疑問ですね。日本の主要なマスコミもＴＰＰと東京五輪で日本経済は活性化すると気分だけを優先させて騒いでいるだけではないのですか。

アベノミクス「新三本の矢」には哲学がない

馬渕　まったく同感です。ＴＰＰによって日本経済は破壊されることはあっても、再生することなどありえない。
　ところで、宮崎さんはアベノミクスをどう評価されますか？

宮崎　確かに最初のアベノミクス「三本の矢」は、二本目まで非常にうまくいって日銀の量的緩和（黒田バズーカ）によって円安が進んで企業業績が上がるや株価は高騰し、日本経済は活気に包まれました。しかしその後の米国景気の後退、欧州の混乱、ロシアの成長鈍化、中国の顕著な経済減速がおきて、世界は再び「通貨安・株安、原油安戦争」に突入ました。そんなおりに「新三本の矢」が発表されたのですが、アベノミクスへの期待は起こらず、むしろ発表の日に株価は下がったくらいでした。

「旧三本の矢」では金融緩和にくわえて「地方創成」が謳《うた》われた。産業の活性化、とくに賃上げが叫ばれ、大手企業は正社員枠を増やし、また新卒の雇用は黄金時代の再来となったかにみえました。「新三本の矢」の基軸は「強い経済」「子育て支援」「社会保障」と抽象的かつ曖昧《あいまい》であり、企業負担が増大します。

一本目の「強い経済」とはGDP六百兆円達成が目標（これは可視できるが）、二本目の「子育て支援」の目標は出生率を一・八人におき、三本目は「介護離職ゼロ」を目指すとしています。ところが肝心の実業界にとってはビジネス展望が悪く、もっと大規模な金融緩和は財務省の反対で期待薄です。子育て支援といっても若者の人口が激減したうえ、彼らの人生観は結婚が人生目標のなかに熱烈には入らっておらず、結婚しても子供は不要という淡泊さでしょう。

こうした社会的退嬰《たいえい》現象を根底から直すには教育しかないのですが、アベノミクスには根幹の哲学が希薄です。応急措置の経済処方箋でしかないと国民の多くがみているうえ、財源を消費税増税と日銀頼みとしており、基本的に日本人のこころまでも豊かにする哲学の音も聞かれない。ですからアベノミクスに私は大きな期待をしていません。ただし「マイナス金利」という黒田バズーカの新型には、大いなる興味が湧きますね。

馬渕　旧アベノミクスの三本目の矢が新自由主義的政策であることは前にも述べました。

私は安倍総理にはぜひ日本の国体にあった真のアベノミクスをお願いしたいと思います。

日本が世界から絶大に信用される理由

宮崎　ＢＩＳにしてもＴＰＰにしても問題は、誰がルールを決めるのかということです。誰かが決めたそのルールを懸命に守っているのは日本人。もっといえば、借りた金を返すのは日本人で、借りた金はごまかして返さないのが諸外国。

ＷＴＯをみてください。ＷＴＯルールをすべて順守した日本と、すべてを無視したのが中国。そして「ＷＴＯは死に体だ」と当のアメリカ人がいっている。ミッキー・カンター元商務長官がはっきりと発言しているのですね。

馬渕　おっしゃるとおりです。知っている人は少ないかもしれませんが、日露戦争時の戦費調達のための借金も一九八六年に日本は完済しました。ご承知のように日露戦争の終結は一九〇五年ですから約八十年かけて。当時の約定どおり、六、七％の高金利で返したんです。

宮崎　対照的に中国と韓国は借金を踏み倒す名人です。

日本は皇紀二六七六年一遍たりとも借金を踏み倒したことがない国です。

第六章

激化するグローバリズム対ナショナリズム

グローバリズムの極致、ジャック・アタリの世界観

馬渕　新自由主義、市場原理主義からいえばこの対談で強調しておきたいのは、ジャック・アタリというユダヤ系フランス人の思想家で、ミッテランやサルコジ両大統領の側近です。一時日本でももてはやされ、二〇〇九年には訪日しています。

宮崎　そうそう。『21世紀の歴史』（作品社、二〇〇八年）がベストセラーになりました。私も二、三ページ読みましたが、あれはヒドい。

馬渕　彼はものすごい反日家で、日本を貶めて韓国を持ち上げているような男ですが、なぜ韓国を持ち上げているかというと、韓国が完全にグローバル経済に組み込まれたからです。

一九九七年のアジア通貨危機のときにＩＭＦからの支援と引き換えに外資に蹂躙《じゅうりん》されたからで、韓国モデルがアジアの成長のモデルになるんだといっている。つまりアジアを外資に支配させようというのが彼の議論の狙いです。

彼にいわせればいまや「市場」は国家をも超えていると。つまり、市場というマネーの力ですべてを解決することができるというわけです。世界の行き着く先は、国家も含め「市

場」の障害となるすべてのものに対してマネーで決着をつけるといっているのです。

宮崎　地球市民、地球マネー市民というわけですね。

馬渕　地球マネー市民。究極的には国家も「民営化」されるということを驚くべきことに彼は、堂々といっているわけです。それが「市場」だと。

　われわれの常識ではまず世界には国家というものがあって、日本国家があって、市場というのはそのなかのひとつの領域にすぎないとみています。ところが、ジャック・アタリ的な発想、ユダヤ主義的発想は市場が国家を超えるという点で、じつは共産主義と同じです。つまり、国家の外にあるのが共産党であり、国家の外に市場というものがあるということです。

ジャック・アタリは2009年に来日講演をした
©Eric Fougere/VIP Images/Corbis/amanaimages

宮崎　鳩山由紀夫的宇宙人的発想で、ふつうの日本人には理解できません。

馬渕　「日本列島は日本人だけのものじゃない」という発想です。怖いのはそういう発想がわれわれのすぐ身近にあることで、たとえば英語化がそうです。小学生で英語を学ばせるのも、グローバリズムの一環です。まずは国語力を身につけなければならない時期に英語の歌を幼稚園から学ばせるとか、バカなことをやっている。

宮崎　大学入試で英語があって国語がない私立大学も一部あるようです。

馬渕　母国語を教えなくて何の教育でしょう。

そうしたアタリ的発想、要するに新自由主義の行き着く先というのはマネー至上主義でしかありません。つまり、マネーを持っている民間人が力を持つということであり、それを制限する国家や法の規制をことごとく排除しようという勢力です。いま日本をふくめ世界がその方向に押し流されている。世界がひとつの大きな市場になるまで止まることを知らないわけです。いい方を変えれば、世界統一政府でしょう。

宮崎　まさに場アタリ（笑）。

馬渕　ジャック・アタリがいっていることの本質は、まず世界の統一通貨を作る。したがって、統一通貨を発給する世界で唯一の中央銀行を作る。世界の国々はその支配下に入るっていうことです。日本の新聞はそんなこともちろん書きませんが。

「アメリカの鏡」ダレス兄弟の外交政策

宮崎　いまのお話はまさにウォール街の価値観だと思いますが、それを現実政治において

ダレス兄弟。左が弟のアレン、右がジョン
©Bettmann/CORBIS/amanaimages

体現していたのが、世界大戦が終わって以来の、アメリカの外交と裏工作をセットでやったダレス兄弟です。

兄のジョン・ダレスはアイゼンハワー政権で六年間、国務長官としてアメリカ外交を牛耳り、弟のアレンがCIAを指揮し、いくたの秘密工作を指導しました。つまり、二人の兄弟が互いに連携して、阿吽《あうん》の呼吸で共同歩調を取ったので、アメリカにおいては外交と諜報がセットとなり、すさまじい裏工作が繰り広げられたのです。コミンテルンの暗躍に劣らないアメリカの陰謀をスティーブン・キンザーの『ダレス兄弟』（渡邊惣樹訳、草思社）が詳しく書いているので、紹介したいと思います。

同書によると、イランのモサデク政権崩壊、資源王国コンゴのルムンバ首相暗殺、そしてキューバ侵攻の失敗、グアテマラ、インドネシアにおける陰謀、極め付きはホーチーミンを憎み、ベトナムの泥沼に足をつっこむ切っ掛けを作ったのも、ダレス兄弟だった。

その詳細は本書を読んでいただくとして、この兄弟をみるうえでポイントになるのが二人が勤めることになるS&C（サリバン&クロムウェル）という法律事務所の存在です。同社は一八七九年の創設で、「投資家と企業を結びつけて巨大企業を生み出す」ことを目的とし、鉄道王であり「大金持ちの極悪人」といわれたあのハリマンも顧客です。

「S&Cは金融界にもメディアにも強い影響力を行使できた。政界の意思決定を左右できるほどの影響力だった」というから、法律事務所兼ロビィスト、政界のフィクサーの機能があった。ここがポイントです。つまり二人はウォール街とワシントンをつなげる位置にいて、ものごとの判断はウォール街の投資家という視点で世界情勢をみた。

これはいまのアメリカ外交にもそのまま通じる視点です。違うのは当時は殺人を含めた秘密工作をやっていたのに対し、近年は露骨な政府転覆ができなくなったため、マスコミとPR会社を使って、敵を社会的に葬るわけです。そして二人は弁護士だというのもポイントです。

アメリカを扇動する弁護士

馬渕　おっしゃるとおり、アメリカを牛耳っているのはだいたい弁護士でしょう。私が調べた範囲では、フランクリン・ルーズベルトの背後にいた、ルーズベルトを事実上操っていた連中も、みんな弁護士です。

第二次大戦中に、大戦後の世界秩序をどう築くかというプロジェクトが研究されていて、アメリカの大企業にとって望ましい世界にするという提言が出されました。この研究プロジェクトはロックフェラーの資金援助で賄われました。

その提言によれば、アメリカの大企業のビジネスの障害となる国を全部叩く。前章でも議論したように冷戦後は日本がそのターゲットになったわけですが、その旗手が弁護士でした。

宮崎　ヒラリーも、ビル・クリントンも弁護士。そもそもオバマも弁護士です。クリントン政権の閣僚メンバーを思い起こしますとね、ほとんどが弁護士でした。

馬渕　戦前満洲の「不承認主義」を唱えて日本を追いつめたヘンリー・スチムソン国務長官もそうですよ。彼は三十年にわたって日本を叩いてきた男ですよ。彼も弁護士だった。

宮崎　日本を叩くのがビジネスだった。本心はどうだったか、よくわかりませんが。私がよくワシントンに通っていたころ、飲み仲間にアメリカ人の弁護士がいて、よく聞かされましたね。マッチポンプをやってチームで稼いでいた。

馬渕　もちろん、金儲けのビジネスですが、ここで注意を要するのは、それはアメリカの企業のためにやっているのであって、アメリカ国民のためにはやってないことです。

宮崎　それはそうでしょうね。

馬渕　そこなんですよね。われわれはアメリカという場合、アメリカ国家であり、アメリカ国民のことだろうと思いがちですが、そうではなくてアメリカの大企業のために弁護士が一緒になって世界戦略をやっている。

宮崎　日本の場合、わが同胞、わが国民というじゃない。アメリカの大統領が呼びかける言葉は「タックスペイヤーの皆さん」で、国民じゃないんですよ、納税者の皆さんです。そこがね、国家帰属意識というのは、アメリカの場合、相当希薄でしょう。だから無理矢理、星条旗に忠誠を誓う。そういう形式が必要なわけですよね。

馬渕　逆にそれをやらないと、「国家とは何ぞや」となる。日本ではそんな宣誓などしなくても、生まれてから死ぬまでずっと日本人なんです。そういう意味では黙っていても、帰属意識がある。ほっといても皇居を拝んでね、天皇陛下を奉る国です。

だからグローバリストたちは日本を恐れ、敵視するんですよ。彼らは同じく国家に対する帰属意識の強いロシアも敵視している。

プーチンはグローバリズムと共存しようとしている

宮崎　ところで、先にも少し触れましたが、昨年（一五年）末に行われたプーチンの記者会見の中身には興味深い点が多くて、面白かった。そのポイントをいくつかあげます。開口一番、中央銀行の政策を支持するといったうえで、「ロシア経済はマイナス三・七％の成長が続くだろうが、気になるインフレ率は一二・三％、失業率五・六％にとどまり、二〇一六年の赤字財政はＧＤＰの二・九％以内に納まり、形態的苦境はまもなく終わる」と楽観的見通しを述べました。それとロシア経済の話のなかでいちばん大事なことだと思いますが、プーチンはロシア中央銀行の政策を支持するといいました。

ついでシリア空爆参加に関して、「ＩＳＩＳ《〔ママ〕》は、いまやマイナーな問題」と断言し、会場を驚かせた。

同時に「シリアの将来はシリア人民が決めることだ」とした。

米国との関係は「これからもうまくやっていけるし、たとえトランプ氏が大統領となろうとも、ロシアは米国との絆を維持し、両国関係の良好な維持発展にかわりはない」と強調しました。

この記者会見は十一回目ですが、なんと全世界から千三百九十名もの記者がモスクワに集まった。この数字は新記録だそうです（英語版『プラウダ』二〇一五年十二月十七日）。

それで、これまで議論したことに絡めると、ロシアの中央銀行を支持するという発言からもわかるように、プーチンはグローバリズムに反対している。

馬渕　若干《じゃっかん》説明が必要だと思うんですが、プーチンはグローバリズムといっても、ジャック・アタリやアメリカのウォールストリートを中心とした、国際金融資本が追求している国家や民族の紐帯を破壊するグローバリズムに対し、反対ということなんですね。

いわゆる市場経済化にはもちろん反対してなくて、ロシアのスラブ主義とどううまく両立させるか、というのがロシアにとっての最大の課題だというふうにいっているわけです。けっして全面的にグローバリズムを排除するものではない。それは安倍首相やエルドアン、モディと同様の態度です。

宮崎　近代化以降、目の前の現実をみればグローバルな経済に移行せざるをえないわけですね。

馬渕　その流れは否定できないのだと。しかし行き過ぎたグローバリズムが自分たちの伝統的な生き方を否定することが問題だといっているわけです。そこをうまく両立させていこうということだと思うんですね。

世界を動かしているのはプーチン

馬渕　プーチンの会見で私が注目しているもののひとつは、ロシア軍機を撃墜したトルコに対しは最大限抑制された反応をしているということです。

それから、経済についてプーチンは、率直にロシア経済がマイナス成長であり、二〇一六年も、マイナス成長であると発言しているんですが、ここからわかるのは、プーチンの政権が安泰だということです。

そして私自身もう少しこの後の動きをみないと判断しかねるのですが、宮崎さんが指摘されたように、プーチンが中央銀行を支持しているといっていることです。

ロシアの中央銀行というのは、FRBやイングランド銀行とは違うきわめてロシア的な中央銀行の体質をまだ維持しています。もちろん、中国とは違った意味でですが、ロシアの中央銀行は完全に民営化されているわけではありません。法的には政府から独立しているとされていますが、同時に政府と協調して通貨ルーブルの管理に当たると謳われている。

また中央銀行総裁や理事の人事権は大統領が握っている。つまり、ロシアの中央銀行は実質的にプーチンの支配下にあることになる。逆にいえば、それ故に国際金融資本のターゲットにもなっている。

それから、いま世界の主役というか、世界を動かしている人物はプーチンだということが、この会見ではっきりしました。千四百人に近い人が集まったことがそれを証明しています。ちなみに米誌『フォーブス』のランキングでも、世界でもっとも影響力のある人物のトップは、三年連続でプーチンでした（二位メルケル、三位オバマ、安倍首相は四十一位）。

本章のテーマである、グローバリズムとナショナリズムの対立を考えるときに、やはりそのカギを握っているのがプーチンだろうと。それであるがゆえに、これは私の持論でもあるわけですが、グローバリストのネオコンからウクライナ危機を仕掛けられ、それから、ある意味でトルコ危機を仕掛けられているというのが、私の率直な感想です。

「ISはマイナーな問題」

宮崎　それとプーチンがいまや、ISはマイナーな問題でしかないといってるんだけど、それはどういうことでしょうか？　もうシリア戦争ではロシアが勝ったといっているようなものじゃないですか。

馬渕　そうだと思います。ロシアが初めて本格的にＩＳの拠点を叩いたわけですから。それからフランスも叩き、イギリスも参戦した。ドイツも後方支援をやるといった。これで勝負ついたということだと思います。

つまり、この流れでロシアとＥＵの間が、再び接近しだしたんですね。ウクライナ危機をもって離反していたのが。

しかしグローバリスト――ウォールストリート、国際金融資本、軍産複合体といってもいいんですが――ネオコンにとってそれは具合が悪い。そういうときにトルコによるロシア軍機撃墜事件が起きたことは前にも述べました。

結果からみると少なくともこれはエルドアンだけの問題ではないと私には思えてならないんです。

メディアと戦争広告代理店が作った「コソボ独立」

宮崎　グローバリズム対ナショナリズムの例としては、日本人にはほとんどなじみがありませんが、バルカン半島がわかりやすいと思うので、本章の締めくくりに話したいと思い

サラエボの町を練り歩く右翼団体（写真・宮崎）

ます。

九一年のソ連崩壊後にバルカンの社会主義国の旧ユーゴスラビア連邦が、スロベニア、クロアチア、マケドニア、ボスニア・ヘルツェゴビナへ分裂し、残ったセルビア共和国とモンテネグロ共和国が新ユーゴスラビア連邦を構成したときに西側がどのような対応をしたか。

ソ連崩壊のため同じ東方正教会だったセルビアにまったく援助できなかったロシアをよそにボスニア紛争、コソボ紛争、NATO（北大西洋条約機構）空爆によりバルカンが欧米のいいように壊されてしまった。あのころの世界世論は「セルビア＝悪」一色で、それを煽ったのがアメリカの「戦争広告代理店」とメディア（『ドキュメント戦争広告代理店』高木徹著、講談社）でした。

ボスニア紛争のなかでもサラエボで多くの死傷者を出した「青空市場砲撃事件」（一九九四年二月五日）が自作自演であったことがいまではわかっていますが、セルビア人犯行説にしたてたのも「戦争広告代理店」である大手PR会社のルーダーフィン社です。ボスニア・ヘルツェゴビナのハリス・シライジッチ外相の依頼を受けていた。

馬渕　それは大変重要なご指摘です。私自身自戒をこめていいますが、当時はセルビアの大統領だったスロボダン・ミロシェビッチはけしからんと思っていました。

国連も、ボスニア・ヘルツェゴビナの側に立って介入していたので、国連事務総長特別代表だった明石康さんが、セルビア空爆に慎重だったため、袋叩きにあいましたが、結果からみれば、彼が正しかったかもしれないと私は思っているんです。

宮崎　明石さんはミロシェビッチをついで、セルビアの政治指導者となった詩人のラドヴァン・カラジッチが、じつは三島由紀夫の愛読者だったことを、直接彼から確かめてますよね。

カラジッチは「独裁」といわれたミロシェビッチに対抗し、セルビア共和国を指導したが、不幸にも、西側から「ヒトラー」とレッテルを貼《は》られ、失脚を余儀なくされ、十年近い逃亡の果て、逮捕されて、ハーグの国際裁判所に引き出された。

確かにセルビア武装組織はボスニアで、あるいはクロアチアの武装組織と衝突し、まがまがしい殺戮《さつりく》を展開しましたが、このおぞましさも、冷静に考えると「お互い様」であり、一方が悪く、他方が善人ということにはならない。

それなのにミロシェビッチもカラジッチも、独裁者、殺戮者として一方的に裁かれ、「民族浄化（エスニック・クレンジング）」を指導した悪者とされてしまった。民族浄化という恐ろしい標語を「発明」し、西側メディアを洗脳するように植え付けたのも前述の「戦争広告代理店」です。

これはあたかも大東亜戦争が日本に一方的責任があるとして、戦勝国から裁かれた東京裁判と似ています。

ミロシェビッチは2006年3月にハーグの拘置所で死を向えた
©Matthew Polak/Sygma/Corbis/amanaimages

米国の巨大軍事基地と麻薬ルート

馬渕　そもそもコソボはなぜ独立（二〇〇八年）する必要があったのか。日本のメディアはほとんど忘れていますが、大変重要なのでその経緯を簡単に振り返ってみたいと思います。

冷戦終結後に、分裂前のユーゴスラビアの首都ベオグラードを訪問し、ユーゴスラビアの統一を支持すると公言したのは、当時米国の国務長官だったジェームズ・ベーカーでした。それを真に受けたユーゴスラビアのミロシェビッチ大統領が分離独立をしようとしていたクロアチアなど弾圧し始めた。するとアメリカは豹変《ひょうへん》し、他民族を武力で弾圧するのはけしからんと、人道介入を口実にセルビア空爆を行い、ミロシェビッチを失脚させ、戦犯として国際戦争法廷に引きずり出しました。

世界のメディアはコソボで多数を占めるイスラム教徒のアルバニア系住民がセルビア人から弾圧を受けていると報じたわけです。つまり、われわれもあのときは洗脳されていた。

宮崎　もともとコソボはセルビア人が住んでいた土地で、だから中世に建造されたセルビア正教会の教会堂や修道院も遺っています。そのコソボに気がつけば夥《おびただ》しいアルバニア人が移住していた。彼らが独立しようと動いたのですね。いまはNATO軍のイタリア部隊が守っている。パスポートを見せないとセルビア系の教会のなかに入れない。コソボの通貨はいきなりユーロです。つまり、ぜんぜん独立国じゃない。

馬渕　だいたいコソボが独立国になること自体、不自然です。コソボはそれまで一度も独立したことがありません。

私が調べた限りでは、コソボとマケドニアの国境地帯にCamp Bondsteelという巨大な米軍基地があります。この建設を請け負ったのはアメリカの巨大建設会社ハリバートンです。それとこれも拙著（『新装版 国難の正体』ビジネス社）でも書きましたが、コソボはアフガニスタンからヨーロッパへの主要な麻薬ルートに当たっており、コソボの首相に就任したハシム・タチは、麻薬などの組織犯罪グループ（コソボ解放軍—KLA）のボスといわれ黒いうわさがたえません。この人物はセルビア空爆を指示したクリントン政権のマデレーン・オルブライト国務長官とも近いといわれています。

宮崎 それで思い出すのが、コソボに行ったときのちょっとしたハプニングです。まだ早朝にホテルで大騒ぎが起きて、なんだと思ってみにいくと、日本人の女カメラマンが当局に連行されている。女の子は日の出を撮ろうと思って望遠でカシャカシャやっていたという。米国大使館員が遠くからそれをみとがめたわけです。結局、三時間の取り調べのあと、ウィーンの日本大使館に電話してコソボにおける日本人の代理人を呼んでやっと身柄を引き取ってきた、こういう事件があった。ものすごい警戒だなというのが逆に発見でしたが、なるほど、それは軍事基地のせいかもしれませんね。

馬渕 それは目をつけられたのだと思います。

旧ユーゴスラビア地図

不必要だった内戦

宮崎　結局、こうみてくると、バルカン半島のうちユーロを使える地域がどんどん拡大していった。スロベニア、クロアチア、マケドニア、コソボはユーロが使える。使えないのは、ボスニア、セルビア、それからモンテネグロ。

アルバニアは昔、唯一の中国の味方で、孤立した共産主義だったでしょう。ところが、ホッジャっていう独裁者が死んだら、急速に欧米寄りになって、町の中にクリントン通りがある。そしてブッシュの銅像が建っている。

つまり、あのバルカン半島のややこしい国々の半分以上はウォールストリート派がとった、ということなんですよ。孤立して唯一グローバリズムと戦っているのがセルビアだけになった。

冷戦が終わって四半世紀を過ぎて、いま振り返ってみれば、ユーロ圏などといってNATOが拡大し、つまり西側の市場が増えた。

馬渕　おっしゃるとおりです。本書の大きなテーマのひとつですが、われわれが知らず知らずのうちに洗脳されていることがあるんですね。「市場」もそうです。「市場が決めた」とか「市場との対話が必要」などと市場に権威があるように使ってますが、それは特定の勢力の意志に過ぎないということです。ぜひこの対談を通じて、多くの読者の方にそのことを知ってもらいたいと思います。

私は何もプーチンがすべて正しいというのではなくて、ただ、プーチンの目からみれば、「市場」と称してNATOがロシアへ向かってどんどん押し寄せてくるという構図を指摘したいまでです。

そもそも東西ドイツの——当時まだゴルバチョフ政権でしたが、旧東ドイツを吸収しドイツの統一を認めたのは、NATOは拡大しないという理解がソ連とアメリカとの間にあったからです。

にもかかわらず、アメリカはNATOを東方に拡大してきた。しかも、プーチン政権になってからですが、ブッシュ・ジュニアはチェコとポーランド――チェコには大陸間弾道ミサイルの早期警戒レーダーサイトを、ポーランドに迎撃ミサイル基地を置こうとした。イランの核ミサイル攻撃から、西ヨーロッパを守るためだというのが名目でしたが、当時イランは核兵器など持ってなかったので詭弁《きべん》にすぎません。ロシアを対象にしたのは火をみるより明らかでした。したがって追い詰めたのはプーチンではなくNATOのほうだった。

宮崎　不幸なバルカンの内戦にしても不必要だった内戦です。

もうひとついえば、シリアの内戦だって不必要です。完全にシリアを巻き込んでいるのだから。

馬渕　さらにさかのぼればチュニジアも、リビアも、エジプトも、つまりアラブの春など不必要だった。

宮崎　逆にいうと、いままで進んできた西側の思惑が、アラブの春とシリアの結果、皮肉なことにヨーロッパが復讐《ふくしゅう》を受けている。それが難民でしょう。二〇一五年だけでもドイツに流れ込んだ難民は軽く百万人を超えています。それからもうひとつはテロですよ。
次章では崩壊寸前のヨーロッパについて議論したいと思います。

第七章

グローバリズム・欧州の末路

難民問題とテロで瀕死のＥＵ

宮崎　前章の話の続きですが、シリアから欧州への難民ルートをたどってみると、非常に面白いことは、ギリシャから旧ユーゴスラビアを通っていることです。

馬渕　ＥＵに入れてもらえないトルコが意趣返しをやったというようにみえなくもありませんが、とにかく結果的には、難民があれだけの規模で押し寄せたことによって、ＥＵ（欧州連合）がいよいよ崩壊を始めたということだと思います。

　これはＥＵにとってはまったく思いがけないことだったでしょうけど、もうこの流れというのは止められないのじゃないかと思います。難民受け入れを止めるっていったら人道的な見地から今度は逆に、袋叩きにあうと思うんですよね。だから止められない。しかし、難民が入ってくれれば、内部からＥＵが崩壊していく。行くも地獄、退くも地獄という状況にいま、ＥＵは追いやられている気がします。

宮崎　ＥＵも、これまでは北アフリカ難民とか、いろいろと貧しい国からどんどん非合法でも入ってきてたし、もちろん合法移民もある。

　フランスやイギリスは旧植民地からの移民を流入させざるをえなかったという事情もあ

アフリカや中東から欧州をめざす難民の主なルート

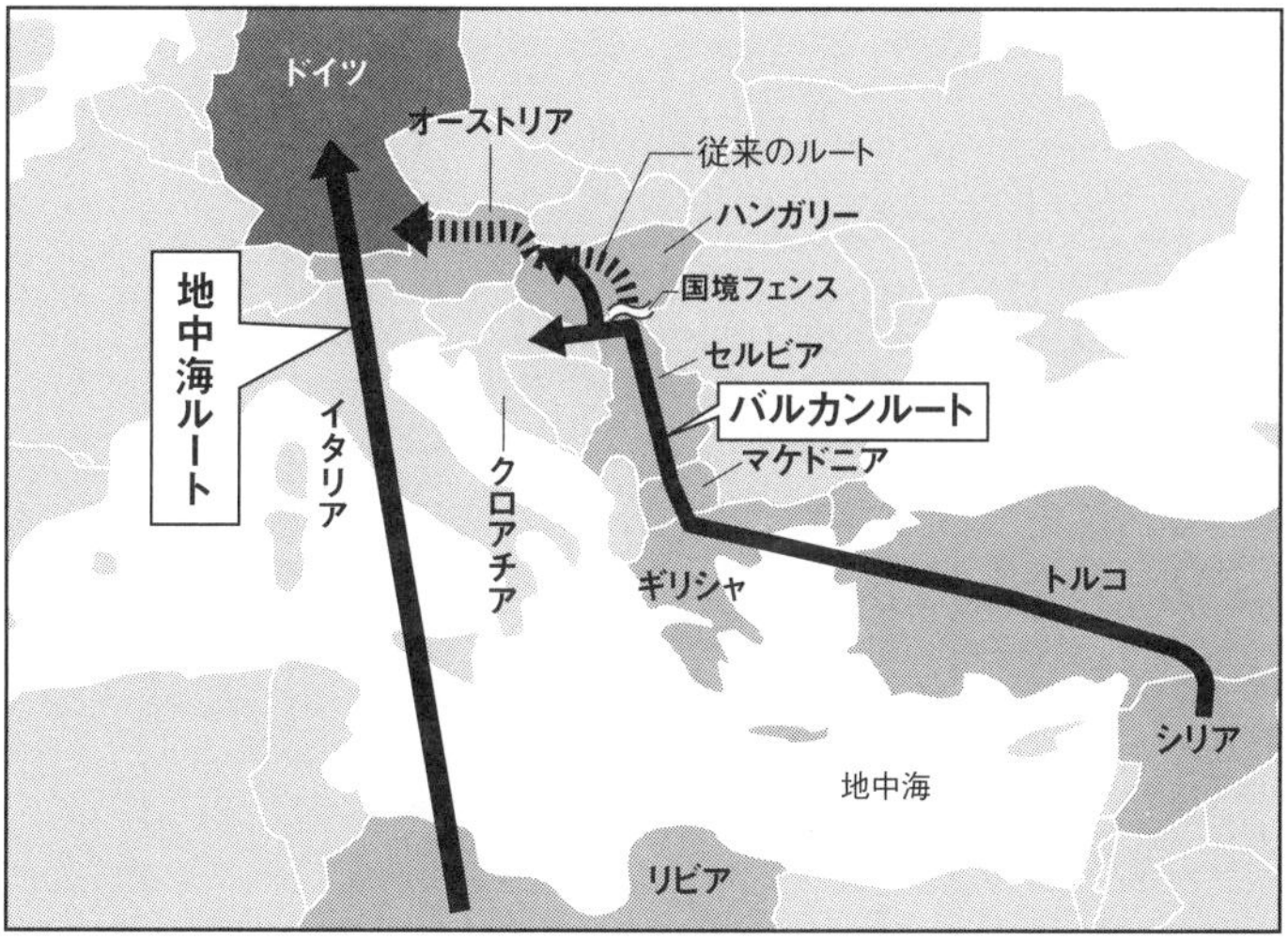

って、やはり移民国家になった。トルコにいたシリア難民をどうっと受け入れ始めます。シリア難民は国内に八百万人、トルコに百九十万、レバノンに七十万、そしてヨルダンに百十万。すでに欧州へ渡ったシリア系難民はドイツだけでも百万人を超える。

この人たちは難民キャンプに収容されているわけですが、ドイツでは難民受け入れ反対派がその難民キャンプを放火している事件が二百六十カ所も起きている。

逆に難民がドイツ女性を強姦した犯罪も発生し、ドイツの治安が大いに乱れ始めました。メルケルの人気は急落です。

馬渕　生活に苦しんでいるドイツ人からすれば不満は高まるでしょうし、治安が悪化すれば感情はさらにエスカレーションするでしょう。そうなると、むきだしの露骨な国益が出てくる。とくに旧東欧諸国が移民受け入れを拒否していますから。

失敗が露呈した移民政策

馬渕　それから、これまで寛大な移民政策をとってきたドイツも、シリア難民を労働力として利用できるなどという甘い考え方はすでにないと思いますよ。これまででもう懲りているはずです。そうでなくても、ドイツにいるトルコ人も含めて難民はドイツ文化に同化しませんから。フランスだって本当に困っているわけです。

それでも受け入れ反対をなんとなくいえない雰囲気があるのは、結局もとをたどれば、ドイツのユダヤ人虐殺にまで心理的には行き着くわけです。だから表立った排外主義が取れない。

そういう背景でドイツには飲ませたのかもしれませんが、メルケルがいつも弁解しているように、政治的迫害者は受け入れざるをえないというのは、やはりユダヤ人を迫害したという、過去の歴史のツケがきているわけです。

さはさりながら、一般の人にとってみれば、自分の近所にイスラムの人が住み始め、しかも同化しないで衛生観念の違いから街を汚し、朝からお祈りする。何も特定の宗教を誹《ひ》謗《ぼう》するわけではありませんが、文化の違いによる生活面での亀裂は決定的になると思います。

宮崎　今度のシリア難民が発生する以前にも深刻な難民問題がドイツにあって、しかも難民申請をしたら認定されるまでの間の生活補助費はドイツ政府が出さなければならない。

たとえば三人家族できたら三人分払っていたから難民はけっこう裕福だった。ドイツ政府からすれば大変な出費だったわけでしょう。経済力豊かなドイツだからこそできたんでしょうけど、それに加えて、倍の数の難民が押し寄せたとなれば、難民キャンプに放火する手合いも出てくるでしょう。

さっき馬渕さんがおっしゃったように、労働力として使用できないのは言葉が使えないからです。それと文化が違うということは、フォルクスワーゲンの工場に連れて行ったところで、訓練されていなければちっとも労働力にならない。結局何するかというとレストランの裏の皿洗いとか、町の掃除。それから清掃、ごみ集め。

馬渕　いわゆる3Kですよね。

宮崎　それだって、職にありつけるのはいいほうで、あとは職がないんですから。ドイツ在住の作家、川口マーン惠美さんと、この問題を論じたこともあります（『なぜ中国人とドイツ人は馬が合うのか』ワック）。

馬渕　いままでは、ＥＵのなかで労働移民はルーマニアやブルガリアでけっこう足りていたんですよね。それよりももっと低賃金のアラブ難民が来てしまった。

宮崎　中国移民の密輸ルートは、中国からロシアを経由してウクライナに入る。そこでウクライナマフィアと組んで隣のスロバキアとハンガリーに入れるんです。とにかくＥＵに入ってしまえばシェンゲン協定で移動の自由がありますから、どこでも行っちゃう。ポルトガルの果てまでいます。つまり、シリアの難民問題の前まではヨーロッパにとっては中国の不法移民が問題でした。それがいまぜんぜん聞かない。中国人は不法移民で入って来てもちゃんと暮らしていますが、今度は働かないのが夥《おびただ》しく来ちゃった。

馬渕　だから私はＥＵは徐々に崩壊していくだろうと。結局、なんやかんやいっても、難民の流れそのものは止められないでしょうから。

トランプ現象と欧州の右傾化

宮崎　ところで、馬渕さんはアメリカのトランプ現象はどうご覧になりますか。あれは反オバマ現象でもあるんですよね。

馬渕　要するにフラストレーションなんでしょうね、アメリカ人の。

宮崎　ヨーロッパにおいては、フランスでルペンが第一党になる。イギリスも地方選挙ではUKIP（イギリス独立党）が部分的に第一党になる。ドイツではペギータ（西洋のイスラム化に反対する欧州愛国者）が出てきて、急速に広がっているわけですね。

ほかにも右派が押さえたのはオランダ、デンマーク、とにかくかなり保守化現象が起きている。同様にアメリカも、三、四〇％は、常にトランプを支持してるんですよ。民主党のなかにさえイスラムの移民に対しては規制すべきだっていう意見に賛成といっている人は少なくない

「イスラム教徒の入国禁止」と発言したトランプ
©Richard Ellis/ZUMA Press/Corbis/amanaimages

つまり、これだけのポピュリズムが移民反対しているということになると、危機意識がヨーロッパとほぼ同じです。その潮流が二〇一六年二月の段階でなおトランプ人気に流れちゃっている。そういう意味では、アメリカにおけるルペン現象みたいなところあるんじゃないですかね。

馬渕　移民受け入れはアメリカという移民国家の宿命です。だからトランプのいっていることは、

逆にいえば本来のアメリカの建国の精神を否定することなんですけどね。アメリカのなかでも移民国家で来たことに対する反省というのはティーパーティーをはじめ支持する層があり、フラストレーションの高まりによりその層が急拡大しているのでしょう。

EU議会と各国政府の対立

馬渕　さて、ヨーロッパの歴史をさかのぼればゲルマン大移動です。ゲルマン大移動が起こってローマ帝国が滅んだように、いまのEUも移民の大量受け入れのため長いスパンでいったら滅んでいくのはまぬがれないと思います。

EUという疑似国家自体、どう考えても無理があります。私はEUがまず関税を撤廃してシングルマーケットにしたとき、EU本部のあるベルギーからヨーロッパ議会をみてましたが、やはり無理がありました。

いまはヨーロッパ議会の権限はかなり強化されましたが、当時は本国でリタイアしたり、落選した人間がEU議員になっていた。議会といってもただ議論するだけで法律を通すこともなく、実際何の権限もなかった。だからEU本部の官僚がいろんなことを決めても、相当の反発が各国政府にあるわけです。それが今回の難民をきっかけに、一挙に噴き出しかねない。

だから、人道主義もけっこう、それから政治的迫害者の保護もけっこうだけれども、しかし本音は、メンバー国にとって移民受け入れにメリットがあるのかどうかということに帰結する。百万、二百万の単位で増えていけば、経済的に利用などとてもそんなことはいっていられないだろうという感じはします。具体的にいえば、今後ドイツで、パリで起こったようなテロが行われたら、これはもう世論は沸騰します。

難民問題を契機として、各国のエゴ、ナショナリズムが噴出し、ベルギーのブリュッセルにあるＥＵ本部の統一指令には従う意志がなくなるだろうし、たとえ政府がそうしたくても国民の反発でできなくなると思います。

もともと矛盾だらけの共同体

宮崎　ＥＵの理想というのは、関税の撤廃と移動の自由です。ヒト、モノ、カネ、移動の自由。それがＥＵの基本的条件ということですが、ＥＵの全加盟国がすべてユーロに入ってるわけではない。イギリスがそうです。つまり、ヨーロッパは二重構造なんですよね。ポーランド、チェコもＮＡＴＯ（北大西洋条約機構）に加盟したけれどユーロには入らない。

馬渕　おっしゃるとおり、通貨をユーロにすることにより各国の金融主権が侵されるという矛盾をもともと孕《はら》んでいました。通貨はユーロで、フランクフルトの中央銀行が発行するから、ユーロ加盟国は独自の金融政策が打てず、財政政策のみ独自にやっている。ここに必ず矛盾が出てくるわけです。

金融大国であるイギリスがユーロ圏に加盟していないのが象徴的です。しかもイギリスは今度ＥＵ離脱を問う国民投票をやります。こういうことをやること自体がもう、ＥＵというものの理念、あるいは理想が壊れている証拠です。

宮崎　しかもユーロの加盟条件として単年度の財政赤字はＧＤＰの三％以内にしなければならない。そんなきつい条件を守れる国はドイツくらいしかない。

馬渕　もちろん守っていなかった。各国への審査も甘かった。ユーロに入った国は金融政策を持てず、しかし財政は独立という矛盾をついてギリシャのように勝手に財政赤字をボンボンやって、後は助けてくれということも可能になったわけですよね。

宮崎　だから、ユーロから出たい国が目立つようになった。それから、ユーロ全体からみれば、ギリシャは明らかに邪魔です。ドイツからみればもう、ユーロから真っ先に出たほうがいい。ユーロに入ったことによって、ますます貧乏になったのはスペイン、ポルトガル。イタリアだって、メリットはほとんどなかったんじゃないですか。

EUから民主主義は消えるのか？

宮崎　ユーロの解体過程に入ったのではないかということに関して、川口マーン惠美さんの本（『ヨーロッパから民主主義が消える』PHP新書）を読むと、ヨーロッパから民主主義が消えていくと。

　ひとつは「極右」の台頭。それからワイマールという、いわば世界最高の民主主義国家であるドイツになぜヒトラーが出てきたかという議論です。それを当時もあった非常事態宣言にみているんですね。そこで、いまパリで非常事態宣言をして、オランドがいろんな強行政策をとっている。この非常事態宣言というのが、EUから民主主義を失う嚆矢《こうし》になる可能性があると、川口さんのいっていることはそういう論調です。

馬渕　大変興味深いんですが、しかし、その一方においては、たとえばフランスの場合だと、あの状況で非常事態宣言を出さないことには、テロを防げない。これ以上のテロの惨禍を防げない危険があった。したがって、必ずしも非常事態宣言を出すことが即、民主主義と反するわけではないと思うのが一点。

　もうひとつ、極右というのは、ドイツメディアの主流の見方では「極右」というんだと思いますが、しかしわれわれが議論しているように、必ずしもそうではなく、ラベリングの問題であって、一種の愛国主義でもあるわけです。

だからそれが出てくるのは、ある意味で自然なことであって、それと民主主義の崩壊とは必ずしも結びつかない。EUを守ると、EUというものを維持するという観点からは、そういう愛国主義的、ナショナリズム的膨張というのは困るけれども、しかし、それは何もヨーロッパの民主主義が壊れることではないという気はします。

川口さんが同著で「ヒットラーの台頭は、ドイツ人の西洋民主主義に対する拒絶から生まれた、というのが、現在ドイツでの歴史解釈の主流である」と指摘しておられる点は大変意味深いものがあります。この場合の「西洋民主主義」とは個人主義を至高の権利とするユダヤ的思想を指しているように思えてなりません。徹底して個人の権利を擁護する「民主主義」思想の行き着く先は国家権力の否定で、国家の解体につながってゆくのです。

現在のドイツでは、ユダヤ思想に言及することは一種のタブーになっているから、ドイツ人は決して本音を明かすことはしないでしょう。しかし、ワイマール憲法が最も先進的な民主主義憲法だと持て囃されたのは、ユダヤ的な理想の憲法であったからです。

ここに歴史の皮肉があるわけで、ヒットラーが公務員からユダヤ人を追放することによってドイツ人はドイツを取り戻したのです。ワイマール下のドイツは天文学的なインフレで、国民はそれこそ地獄のどん底に喘《あえ》いでいました。その地獄の状態から、公共事業を大々的に起こすことによってドイツ国民に再生への希望を与えたのがヒットラーだった。

つまり、ヒットラーが単なる極悪人だったら、アウトバーンもできなかったし、ドイツ経済の復興もかなわなかったはずです。私はヒットラーを弁護するつもりはありませんが、「民主主義」は絶対的に善であるという一方的な思い込みを克服する必要がある。民主主義というのはじつは実態の不透明な言葉――どうとでも自分の都合のよいように解釈できる言葉――で、民主主義対反民主主義というふうに簡単に色分けできないことを、ここであえて指摘しておきたいと思います。

まだある「アジア共同体」という幻想

宮崎　確かに利便性という意味ではユーロは画期的だった。たとえば、ドイツからフランスに行ったらいちいち両替しなきゃいけない。フランスからイタリアに行ったら、またリラに替えなきゃいけない。それ、また戻すと、えらい率が悪くて、両替の損金だけで、ひとつ旅行したって数万円ほど損してきたのですよ。

馬渕　そのころ面白い計算があって、どんどん、替えて戻して替えて戻してを繰り返しているとそのうちゼロになるという。

宮崎　利便性という点ではユーロになってよかったと思いましたが、国々のナショナリズムのエゴからいっても、そんな主権を制限されたような状況に、各国がいつまでも甘んじないだろうと。むしろ、非常に勢いを得たナショナリズムの復興が各国で起こるに違いないと思ったら、いまそのとおりになってるんですね。ただ、きっかけがテロと難民。これらは想定外の方面から入ってきました。

馬渕　平時においてはEUというのは機能していたんですね。だけどいまは平時じゃなくて、まさにおっしゃったようにテロと難民という有事ですから。

当初想定してなかった有事においては、やはりそういう偽造国家というのは脆弱性を抱えているということなんじゃないかと思います。ひるがえって、いまは事実上断ち切れていますが、日本でも東アジア共同体を作るとか、そういう幻想的な発想も出てくるわけですよね。

宮崎　東アジア共同体構想の日本代表は中曽根さんだったんですよ。中曽根のブレーンの人たちのなかには怪しい人たちもたくさんいましたから。

EUが奇《く》しくも可能だったってことは、キリスト教が基盤にあって、民主主義だったからです。ところがアジアをみてください。政治体制、宗教、全部違う。民主主義、擬似民主主義、偽民主主義、全体主義が広がっている。宗教も仏教、ヒンズー教、イスラム教、原始的なシャーマニズムに道教と。これらを一緒くたにひとつの鍋のなかに入れることは不可能です。

馬渕　ブレーンが焚《た》きつけたんですかね？

宮崎　東アジア共同体というのはまた別途に、財界人と一緒になって、委員会まで作ったんですよ。その委員会がまったく機能しないうちに、立ち消えになったんです。

というのも、アジア通貨基金を作ろうとしたら、アメリカが潰した。東アジア共同体でアメリカが非常に不快な顔をしたときに、中国はそれを逆なでするかのように、いずれアジア統一通貨――それは人民元の名前を変えて、中華の「華」をとって「華元」にするといい出した。それで立ち消えになった。

ASEANプラス3は脱アメリカの蟻の一穴となるか

馬渕　一九九〇年マレーシアのマハティール首相が提唱したEAEC（東アジア経済協議体）というのがありました。アジアで経済問題を話し合おうという、いってみれば単なる集まりにすぎませんが、それでもアメリカが反対したんですよ。アメリカが入っていないのはけしからんということで、もちろん日本はアメリカベッタリですから、マハティールがその話をすると、必ず「時期尚早だ」と。「それはもっと慎重に検討しなければならない」といって、乗らなかったわけです。

ただ、いまはアメリカも、反対の急先鋒だったベーカー国務長官が辞めてしばらくしてから、積極的な反対は取り下げて、結局ＡＳＥＡＮプラス３（日中韓）という形で、マハティール構想は形式上は実現しています。

おっしゃったようにＥＵとは基礎がぜんぜん違いますからＡＳＥＡＮプラス３が共同体に発展することはありえないでしょうけど。

宮崎　ただＡＳＥＡＮプラス３といったところで、結局なんの法的拘束力もなくて、中国の南シナ海侵略懸念の共同宣言をめぐってさえ紛糾した。それが実態じゃないですか。

馬渕　それでも、とにかくＡＳＥＡＮプラス３が集まって議論すると。その限りにおいて意味があるんですね。実利はないんだけれども、ともあれ共同宣言を出すと。首脳同士のコミュニケーションの場です。

マハティールが最初に考えたのも、たぶんその程度だったと思うんです。集まることにさえ反対していたアメリカが引っ込めたので、いまＡＳＥＡＮプラス３という対話の場になって実現しているというのが、先ほど申し上げた意味なんです。

宮崎　おっしゃるとおり、指導者が常にコミュニケーションをとるということは、いってみれば戦争の抑止になるんで、これはこれで、政治的テクノロジーとしてみれば非常な進歩とみていいいと思います。

馬渕　ASEANプラス3の、首脳会議や外相会議の目玉というのは、余興だったんですね。寸劇やったり、カラオケやったりしていた。

宮崎　江沢民《こうたくみん》が炭坑節を歌ったという話を聞きました。それも日本語で。

馬渕　そういう和気藹々《わきあいあい》とした時代から中国が本性を現してきた。中国主導のアジア秩序でなければいけないとなりましたから、もう東アジア共同体構想というのは、完全に潰れたと私は思っています。それなのにいまだにそういうことを研究している学者とかいるんですから驚きです。鳩山さんなんかも、違った意味でそういうことをやっておられます。

宮崎　世のなかの利便性とか実用を考えないで、この分野が空いてるからそこで学位を取ろうと。その程度じゃないでしょうか。

難民問題を契機に世界のディアスポラ化を狙う勢力

馬渕　少し視点を広げて、国際政治に持つ移民の意味を考えたいと思います。

ブレジンスキーは強硬な反ロシア主義者でもある
©Zhang Jun/Xinhua Press/Corbis/amanaimages

カーター大統領の国家安全保障問題担当補佐官を務め、オバマ大統領の外交顧問も務めたズビグニュー・ブレジンスキーにいわせれば、グローバル市場化というのは、世界の歴史の必然だということです。

まずモノの自由化である自由貿易をやった。次にカネの流れである金融改革をやったと。最後に残ったのがヒトの移動の自由だった。

これはブレジンスキーだけじゃなくて、グローバリストたちは最後に人の移動を自由に、つまり、移民の自由化をしろといいます。誰でも好きなときに好きなところへ行って働けるようにしろと。

いまは移民については国際機関がありません。民間の機関であるIOMはあっても国連機関はない。面白いことにそれを作れとブレジンスキーは自著のなかでいっている。

そのような世界戦略から移民を奨励している人にとっては、恐るべきことに、難民問題は好ましい傾向でさえある。

私が思う本当の危険というのは、じつはそこにあって、この思想がはやると将来的には誰でも日本へ入ってこれるようになるし、日本人もどこででも働いてもいいということになる。世界が移民で満ちあふれて、そういう意味では世界がディアスポラ（離散）化するわけです。

宮崎　ふつうの日本人には理解不能の思想ですが、アメリカのNGOとかいろんな運動を観察していると、本気でそれを信じてる人たちがたくさんいるんですね。ドイツでもそうです。難民救済にあたるボランティアが引きも切らない。日本のなかにも「地球市民」たちが大勢います。

それにしても、ヒト・モノ・カネの自由を進めるグローバリズムが難民で滅んだとしたら、ずいぶんと皮肉な、哀れな末路です。

第八章

「市場」が中国を滅ぼす日

ＩＭＦのＳＤＲ入りで自滅する人民元

馬渕　人民元の国際化をどのように、宮崎さんがみておられるかというのが、私は非常に関心があります。

宮崎　人民元の国際化、ＳＤＲ（特別引出権）を含め通貨スワップに関して中国は五年ぐらい前からさかんにいってました。

　いま、ＩＭＦのＳＤＲは米ドル、ユーロ、ポンド、そして日本円ですが、日本が二％強のシェアらしいんだけども、その地位を中国が取って代わるといって、それで周小川《しゅうしょうせん》・人民銀行総裁が、あらゆる国際会議の場でそういうことを獅子吼《ししく》していて、結局誰も相手にしなかった。それでいっぺん取り下げた。つまり、ぜんぜん相手にされないから。

　そこで、中国は通貨スワップ協定で各国と個別に、貿易決済の一部に人民元を使い始めた。つまり事実上の実効を狙った。

　それからもうひとつ、物々交換でなりたっているような地域――ラオス、ミャンマー、タイ、ベトナム各国の国境においては、人民元通貨圏です。

　そうやって実績を積み重ねてきたところに突如ＢＲＩＣＳ銀行、ＡＩＩＢ（アジアイン

中国の官製相場によるドタバタ劇

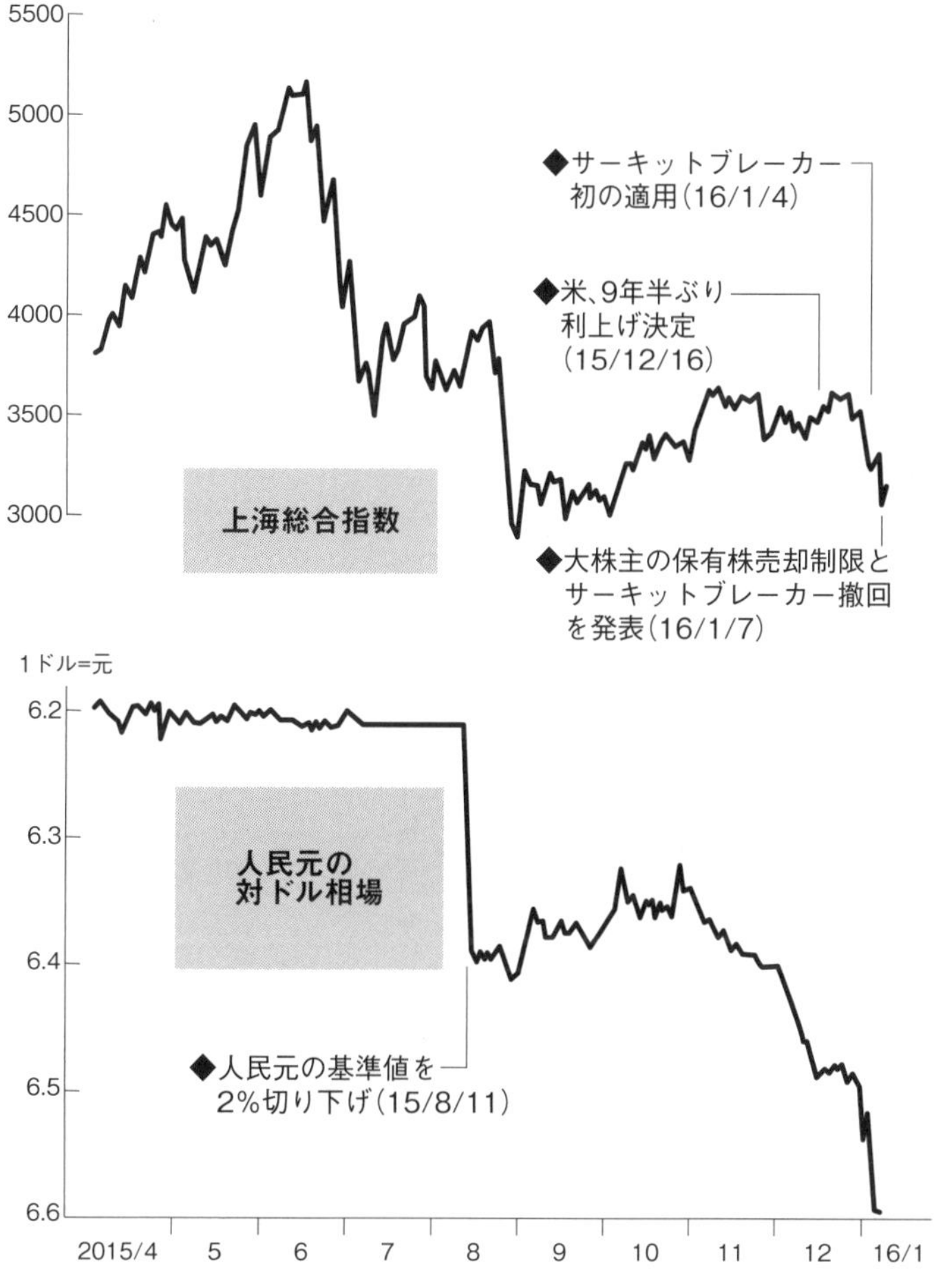
5500
5000
4500
4000
3500
3000
◆サーキットブレーカー初の適用(16/1/4)
◆米、9年半ぶり利上げ決定(15/12/16)
上海総合指数
◆大株主の保有株売却制限とサーキットブレーカー撤回を発表(16/1/7)
1ドル=元
6.2
6.3
6.4
6.5
6.6
人民元の対ドル相場
◆人民元の基準値を2%切り下げ(15/8/11)
2015/4
5
6
7
8
9
10
11
12
16/1

フラ投資銀行）、シルクロード構想をいい出した。

そこでおそらくアメリカは方針変えたんじゃないかと思います。一五年からＩＭＦ（国際通貨基金）はラガルド専務理事が人民元を積極的に入れるといい出し、十一月には二〇一六年十月からＳＤＲ入り正式決定と報道された。

ただ変動相場制に移す、銀行側の最低条件をクリアしなければ、延期はありえます。アメリカはＩＭＦの拒否権持っていますから。それはアメリカの常套《じょうとう》手段です。だからあたかも既定方針のように報道している日本の新聞はおかしいですよ。

その一方で、昨年（一五年）八月十二日に、人民元の変動幅を変えたら、とたんに四％も人民元が下落しイエレンＦＲＢ議長の〇・二五％の利上げで、また人民元が落ち始めた。年明けとともに株式市場で導入された「七％のサーキットブレーカー」が連日発動され、四日連続、しかも七日は開始後わずか三十分で取引停止と変動相場制の洗礼をうけている現実もある。人民元のオフショア市場の香港、シンガポール、ロンドン、そしてフランクフルトではすでに一〇％、暴落しています。

暴落している人民元ですが、それでもまだ高い。人民元はドルペッグだから仕方がないんだけど、円高で一ドル七九円のときに、人民元が一二円、一一円ぐらいだったんですよ。昨年の六月のピークには二〇円台だったからそのころに比べると円に対する価値が約二倍になり、その結果、中国人が日本に爆買いに来るようになった。あれは人民元高のマジックですよ。実力がついているわけじゃないのです。

ユニクロやスターバックス、吉野家の牛丼が東京よりも北京のほうが高いというほど異常な人民元高になった。変動相場制に移行すれば、当然、人民元は適正なところまで下落し続けざるをえない。だとすると非常に皮肉なことに、中国は人民元で世界中にカネを貸すスキームに入ろうというわけですが、返すときには人民元が安くなってるから債務国側は負担が少なくてすむ。

馬渕　もうひとつの側面は、SDR入りするためには、為替取引の自由化、それから資本市場の自由化を達成しなければならない。それをやると、中国共産党による人民元支配ができなくなるわけです。これはいちばん大きい。

もちろん日本にとってメリットがあるんですが、日本だけじゃなくて、アメリカにとっても世界にとってもメリットがあるので、私はむしろ歓迎するわけです。もし人民元が本当にSDR入りすれば。

日本で慌てふためいている人は、人民元の国際化によりこれで中国は自由に人民元が刷れるとか、いっていますが、そんなことしたらすぐ、ハイパーインフレになるだけです。

結局人民元はドルペッグというドルの信用をもとに通貨を発行していたわけで、SDR

入りしたら変動相場制になるので毎日市場の取引にさらされる、つまり国際金融マーケットの動向に制約されることになる。いわば、ドルに代わって金融市場が「ペッグ」するわけだから、自由に中国のために人民元を刷ることは逆にできない。しかも中国人民銀行だけではなくて、中国内のあらゆる金融機関が人民元で外貨取引ができるようになれば、日本の企業にとってはありがたいことです。

なぜなら日系企業の利益を自分たちが使う金融機関を通して自由に送金できることになりますから。中国が為替の自由化と資本市場の自由化を認めるんだったら、これは歓迎すべきことだと私は思ってるんです。

宮崎　だからそれを中国に強く徹底的に要求して、チェックして、できない場合は人民元のSDR入りを遅らせればいいと考えているんじゃないですか。

中国を手玉にとる老獪なイギリス

馬渕　アメリカもしたたかですからね。それから、ユーロ当局の政治力は知りませんがイギリスだって、老獪《ろうかい》です。見返りなしにむざむざ人民元をSDRの準備通貨にするはずがありません。

メディアは欧州が中国に取り込まれたと報じますが、イギリスは、少なくともイギリスは中国からの撤退をいよいよ行動に移そうとしていた。別れる人にあえてビンタを食らわせるような真似をイギリスはしないだけで。

ところが、中国がこれからSDRに入るというので、手のひらを返して起債するならロンドンマーケットをお使いください、とそういう話です。「チャイナマネーに屈したイギリス」なんてとんでもないことです。

あれだけ人種差別意識の強いイギリスが、有色人種の国にひれ伏すはずがない。

宮崎　最初に清《しん》を侵略したのはどこか、イギリスです。アヘンを売りに売りまくって荒稼ぎしたのがジャーディン・マセソンであり、それからルーズベルトの母親の実家であるデラノ家です。

現代の話でいうと、香港上海銀行がそうです。もう稼ぎに稼いで香港返還が決まったら、すっと本店をシンガポールに移して、上場もシンガポールに移して、次にイギリスのミッドランド銀行を買収して、イギリスに本店を移しました。だから、いま香港および中国各地にある香港上海銀行ってのは、イギリス籍だからいつでも撤退できる態勢です。それまで、株、中国企業の社債でさんざん稼いで、いま中国国有企業の多くの社債が、暴落して紙くずになっているのは、とうに彼らは売り払ったからでもあります。

竹中平蔵と関係が深いポールソン
©Wang zhou bj - Imaginechina/amanaimages

アメリカもそうでしょう。最初に、中国の中国工商銀行など四つの銀行を上場させる手助けをしたのは、ゴールドマン・サックスです。しかもその会長がそのあとすぐに財務長官になりおおせた。

馬渕　ヘンリー・ポールソンという悪名高き男です（笑）。

宮崎　あの人は中国にはゴールドマン・サックス時代をいれると八十回くらい通っている。それがいつの間にやら中国工商銀行の筆頭株主となり、気がつけば全株をシンガポールのテマセクに売り払って、いまはまったく身軽なんですからね。

それとウォール街はもうひとつ、ヘッジファンドっていう非主流派がいるんですけど、この人たちは人民元のカラ売りをやりますよ。通貨戦争を。ジョージ・ソロスあたりはそれを、虎視《こし》眈々《たんたん》と狙っていたのです。

馬渕　いまは官製相場でコントロールされているからそれができないだけですね。

宮崎　中国政府が発表していることをもとに日本のマスコミは騒ぐんですが、現場で何が起きているかということが問題であって、すでに香港、シンガポールでは、外貨預金として人民元預金をしている人たちが多かったのにいまでは多くの預金者が、取り崩し始めている。

さっき述べたように、年明けからオフシェアでは一〇％人民元暴落していますから。人民元まだまだ下がるから、いまのうちに引いちゃおうと。ドーッとエクソダス（脱出）やってるわけでしょう。その穴埋めを中国はどうしてるかというとドルを売ってるわけだから矛盾してるんです。

日本企業が中国から撤退するチャンス

馬渕　一方、日経をはじめ日本のメディアはまだ日本に中国へ投資させようと誘導しています。常識的に考えて、安い労働力という中国のうまみがなくなった以上は日本企業も撤退すべきだと思うんですが。

宮崎　モノ作りを真面目にやりに、中国に出て行ったのは日本とドイツぐらいでしょう。

馬渕　アメリカは帰っていますよね。

宮崎　ＧＭが残っているけど、ほとんど合弁です。それにアメ車は、ガソリンを食うからあまり売れない。

2015年10月以降に最低賃金を引き上げた省・直轄市

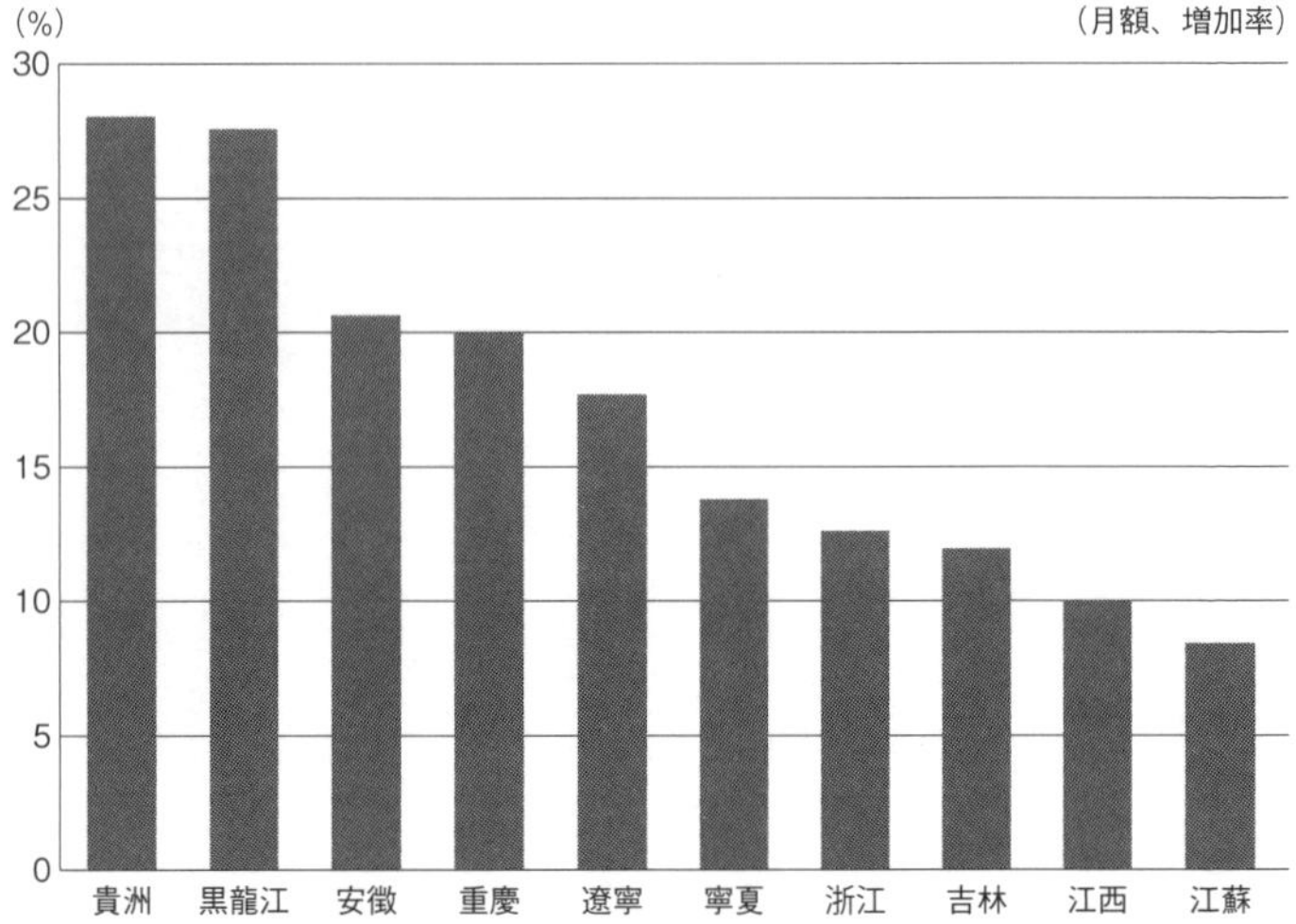

日本の対中投資は2013年以降3年連続で減った

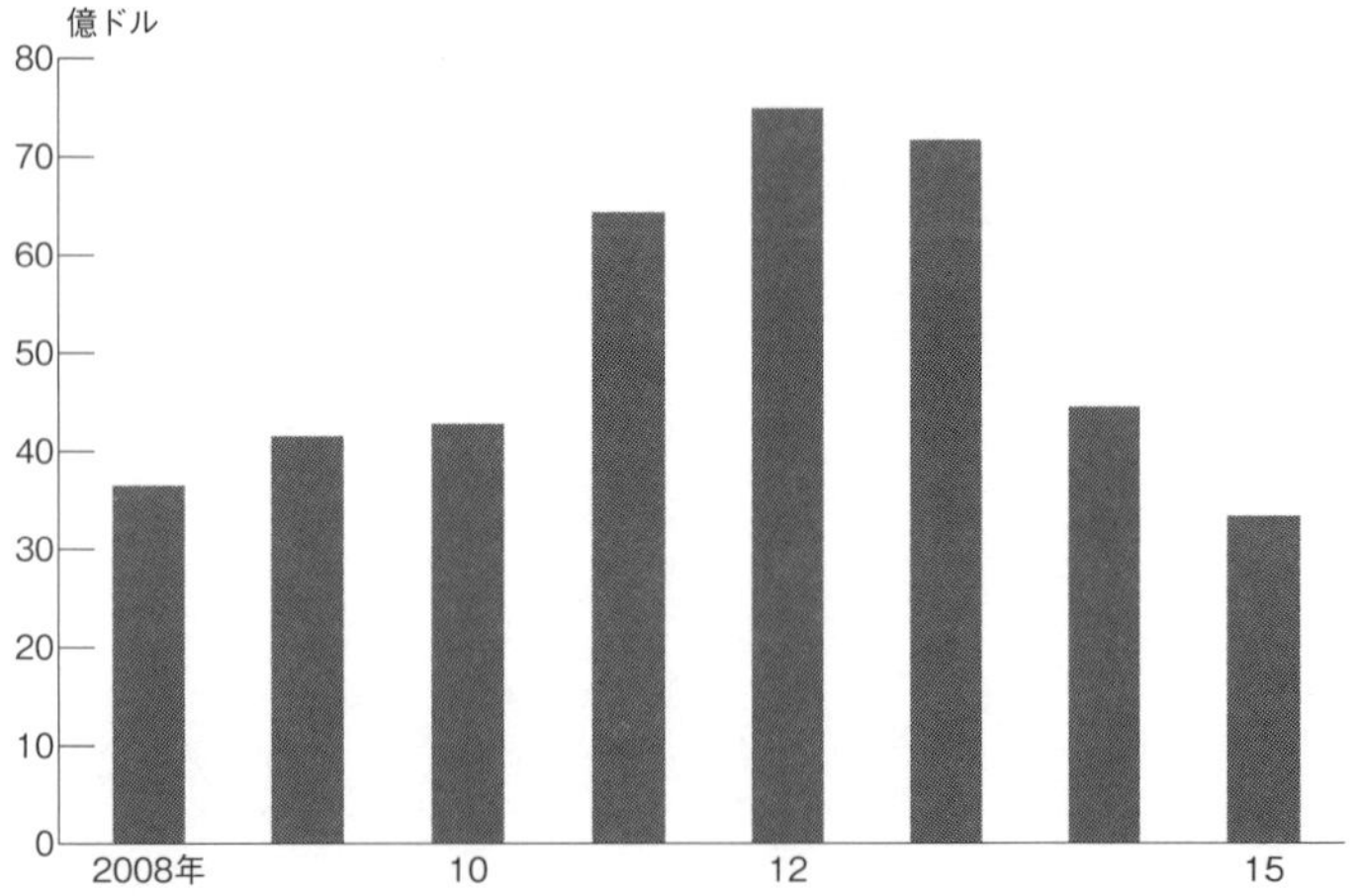

(注)中国商務省調べ、実行ベース、金融除く

フォルクスワーゲンは中国へ真っ先に行って当時は誰もクルマ買えなかったから、タクシーを作った。だから中国のタクシーは二〇〇三年くらいまではほぼ九九％、フォルクスワーゲンのサンタナだった。そのあとにやっと重い腰を上げてトヨタが入り、ホンダが追随し、そして日産がいちばん遅れて出て行った。ところが日産は遅れた分を焦って取り返そうと思ったから、いま日産だけで、百五十万台以上作っている。これは分散リスクからいって非常に危険です。

全世界における自動車販売の中国依存度はトヨタが一二％。ホンダはそれより少ない七、八％くらい。だから中国がコケてもカバーできる。しかし約二五％の日産はそうはいかない。のめりこんじゃっている。フォルクスワーゲンも同様です、四割近くが中国。しかもフォルクスワーゲンの場合、ディーゼル規制の問題で不正データが見つかり、アメリカで集団訴訟が起こる、ヨーロッパでもそこらじゅうで起きている。制裁金は二兆円以上ともいわれている。下手をすれば倒産するでしょう。

一方の中国政府としても倒産してもらっちゃ困る。だから急遽、メルケルが八回目の訪中したときに真っ先に話したのは、フォルクスワーゲン中国工場への中国工商銀行による融資です。メルケルはその確約をとりに行ったようなものです。

馬渕　非常に、重要なことですね。ところがメディアはこの期に及んで日本の自動車会社はフォルクスワーゲンと中国大陸で競争しろといっているわけでしょう。

　さっきの香港上海銀行のお話のように、日本企業もうまく撤退したほうがいいです。少なくとも増資なんてとんでもない話です。いかに縮小して、日本人の従業員、家族も含めて、早めに撤退するかっていうのが、日本企業のやるべきことだと思いますけどね。


宮崎　そうは思っても、企業は企業なりの世界戦略とシェア競争があるから、簡単に撤退できないのでしょう。こないだの天津大爆発を奇貨《きか》として活用できるかどうかです。

　天津はトヨタの主力工場で、まだ、ほとんど生産が軌道に乗ってない。もうひとつは、長春に作っていた工場をトヨタは閉鎖した。おそらくこれで百二十万台生産体制は落ちますよ。

　しかしそれにしても、自動車産業というのは部品、バックミラーからタイヤまで、産業の裾野《すその》が広いから、トヨタが一社行ったら、三百社、孫会社まで連れて行かなければならない。トヨタが撤退しないかぎり、この自動車部品の下請けは帰って来れないんです。そういう宿命がいまの日本の自動車産業にはあります。

　鉄鋼はもう、なかばあきらめちゃったでしょう。要するに、自動車鋼板の技術まで売り渡した。自動車業界はいま正念場を迎えてますよ。

ＡＩＩＢで中韓共倒れ

馬渕　お話を聴いているとＡＩＩＢも結論が出ているようなもんですね。

宮崎　はい、さようなら……。でも韓国政府のみ、頼っている（笑）。

ところが、どうも韓国も、ＡＩＩＢボンドを買う買うといってはいましたけれど実際には買っていない。韓国経済も失速寸前で、ほかに廻せるカネがない。

馬渕　買えないんじゃないですか。韓国経済はいま、ウォン高と、中国経済の失速で大きな打撃を受けているんですから。下手したら破産しますよ。ＦＲＢの〇・二五％の利上げも、対外債務が多い韓国企業には相当響いているはずです。

韓国は日韓通貨スワップを延長しないと強がりをいっていましたが（二〇一五年二月）、半年もたたず韓国財界も「ぜひ再開してほしい」なんて泣きついてきても後の祭りです。人民元がＳＤＲ入りしますから、韓国は中国とスワップを拡大してもらえるようお頼みになったらどうですかといえばいいんですよ。

宮崎　経団連に要請したところで決めるのは政府ですから、関係ありません。

馬渕　産経新聞のソウル支局長に無罪判決出したり、韓国憲法裁判所が日韓請求権協定をめぐる訴えを却下したのは、それで日本に恩を売ろうとでも思っているんでしょう。

宮崎　もう売ったと思っているんだから、しょうがない国です。

馬渕　韓国のやり方は日本国民に全部見破られちゃっていると思いますよ。

宮崎　とうとう韓国の本質がわかってきた。ただソウル支局長に無罪判決を一面で報じたのは『産経』だけです。

軍部によるクーデターが起きる？

馬渕　ジャック・アタリが興味深いことに中国共産党の支配は、二〇二五年に終わると書いています。その根拠は何かというと、ソ連も七十数年で滅んだから。

宮崎　外交評論家の加瀬英明さんも同じようなことをいっています。全体主義国がオリンピックをやると九年後に潰れると。つまり二〇一七年に中国共産党は終わりを迎える。もうすぐじゃない。

馬渕　現にいま中国経済の失速をみると、あと二年後に中国共産党の支配が崩壊してもおかしくないですよね。

宮崎　希望的観測で中国崩壊論を論じるのは少々危険です。軍事力と、反体制派に対する習近平の締め付けをみているかぎりは、当面政権は続きそうですよ。

馬渕　人民元の暴落により爆買いもうできなくなるということなんですが、経済不況になれば中国の大衆の不満が一気に共産党に向かうということはありませんか？

宮崎　武器を持たない大衆はどんなに数が多くても政治的な勢力になりえません。かつての軍閥がそうだったように、武器密輸、軍事物資の横流し、それから麻薬とか、マフィアが台頭する時代になるでしょう。中国の共産党王朝がついえる可能性があるとすれば、軍事クーデターしか考えられません。

馬渕　人民解放軍というのは中国という国ではなく中国共産党の軍隊ですから党を守るかもしれませんが、テロになるとそれも限界があります。武器を手にした群集が押し寄せてくれば中南海だって危ないはずです。まさか全員撃ち殺すわけにはいかないでしょうし。

これは、宮崎さんのご専門になるでしょうけど、習近平が本当に何を考えているのか、よくわかりません。単なる権力闘争だけなのか、と。なぜあそこまで江沢民《こうたくみん》派や胡錦濤《こきんとう》派を弾圧していかなくてはならないのかと。

宮崎　これは宮脇淳子さんとの共著（『中国壊死』ビジネス社）でも書きましたが、そうしないことには自分の権力というのはまったく行方不明で、権力基盤さえ固められないし、あれは大陸のＤＮＡですよ。権力をとったら近いところから潰さなければならない。

馬渕　歴代の共産党の総書記たちも全部まわりを潰してきたっていうことですね。

宮崎　共産党のみならず、秦《しん》の始皇帝《しこうてい》からぜんぜん変わらないですよ。

馬渕　習近平の権力を固めることだけが本当に目的なのか。その手段として、「反腐敗」をいっているにすぎないということなのですか。

宮崎　いや、その線がほとんど濃厚ですよ。

　習近平の理想的政治目標が何かよくよく考えてみたのですが、結局のところ何もない。だから中華民族の愛国主義による中華民族の復興が中国の夢と。これだけでしょう。

馬渕　ただ、それでは一般の中国の民衆は踊りませんよ。彼らに自発的な民族意識があるわけではないですよね。

宮崎　「中華民族」というのは架空の概念。あの国にナショナリズムはない。ナショナリズムを偽装した排外主義がときおり、爆発する。しかも民衆にとっては中国政府が何をいっているのかもわからない。単なるマネー至上主義者にすぎません、いまの中国人は。

米中疑似同盟の終わり

馬渕　日本が膨張する中国とどう対峙していくかという議論のひとつに、アメリカはなぜ中国に甘いのかという不満が、日本の良心的な保守の人たちにも多い。もっとアメリカに、中国は人権を無視している、一党独裁で民主主義国じゃなくてけしからん、と強調してほしいという議論がある。

ただ私が思うのは、アメリカがそもそも歴史上、民主主義を真面目に擁護したことなんて一度もない。「民主主義」のためというのは口実にすぎず、そのためにアメリカが戦ってきたわけではない。

宮崎　アメリカはそもそも民主主義かどうかも疑わしいところがある。

馬渕　むしろ、民主主義じゃないですよ、あの国は。

一般の国民は民主的意識が強いかもしれないけども、政権は民主主義ではない。それからウォール街の住人たちはぜんぜん違う。だから単純にアメリカ＝民主主義国対中国＝共産主義国の図式はなりたたない。

アメリカは中国にだまされたというマイケル・ピルズベリーの『Ｃｈｉｎａ　２０４９』（野中香方子訳、日経ＢＰ社）が話題ですが、そんなことはないんで、アメリカは当然知っててやってますし、そういうアメリカだって、いわゆる民主主義国でもないわけですからね。それこそマネーの魅力で米中は便宜的に結びついているにすぎない。

宮崎　お互いに利用しあっている。

同盟に永遠の同盟がないように、米中擬似同盟なるものがいよいよ亀裂から終わりへ向かって走り出したというふうにみていいと思いますよね。ましてや昨年（一五年十二月十六日）にも、オバマ政権は台湾にフリゲート艦など十八億三千万ドル（約二千二百四十億円）の防衛用兵器の売却をきめた。もう、米中の対決じゃないですか。

中国崩壊と第三次世界大戦

馬渕　すると今後の見通しとしてこれから世界はどうなるんですかね？

宮崎　戦争になるでしょう。

馬渕　私もそう思いますが、米中の対立はもちろん、ロシアとトルコ、イランとサウジ、そして北朝鮮の水爆実験といつ戦争になってもおかしくないのに、多くの日本人には実感するのが難しい。

宮崎　日本人が根本的に誤解しているのは、対立はしょせん地域的に分散しているというくらいにしか考えてない。舞台が中東というだけで世界中の強国がいま関与してるんだから。本当に日本人は幸せな国民ですよ。

馬渕　はっと気づいたら、もう世界は大戦争になってたってことが、二〇一六年は起こりうるんですね。だから、そういう世界の危機に対しこの対談でどう発信するか。戦争になるぞといったところで、そんなことはないと多くの人が思うでしょうから。

宮崎　後で気がついたら、中東から第三次世界大戦は始まっていたんだと。それは旧来的な、熱い兵器を使うスタイルではなくて、これからはハッカー戦争、マネー戦争、総合的なものですから。従来の戦争形態ではない。

馬渕　難民も戦争の一形態ですね。

宮崎　おっしゃるとおりで、チェコの大統領は「難民はスタイルが違うが戦争だ」と明言しています。「難民の多くは若者であり、なぜ彼らはＩＳと戦わないのか」と。戦争というと、武力衝突も戦争なんだけど、第三次世界大戦ってのは、そういうスタイルではもうすでに始まっている、とみたほうがいい。

馬渕　まったく同感です。そういう趣旨で、本書の冒頭でも申しましたが、私はローマ法王がこないだのパリの同時多発テロを評して、これは第三次世界大戦の一環だと発言した、その真意を汲《く》み取ってもらいたいですね。

　ところが日本はね、どういうわけかローマ法王の発言を重視しません。日本はクリスチャンの国じゃないからということかもしれないけれども、ローマ法王はクリスチャンとして発言してるわけじゃないんでね。

世界中の十億のカソリックからさまざまな情報が集まって来るのです。ローマ法王は世界でいちばんの情報通といえるでしょう。

宮崎　世界的には影響力はあるんですけどね。習近平が訪米したときだって、ローマ法王が大歓迎を受けていた直後でしたから、習近平はすっかりかすんだんですから。

馬渕　習近平の訪米時期をローマ法王とわざとぶつけたアメリカの底意は、「中国よさようなら」ということだったと思います。アメリカが中国の対外的暴走を抑えにかかったということは、習近平の権力闘争にマイナスでしょう。

習近平は外交で失敗して国内的にはライバルから足を引っ張られることになる。また、権力闘争と経済情勢は不可分の一体で共産党支配は終わりを迎えると思います。

だから私は、中国という地域が滅ぶことはないでしょうけど、いまの中国共産党の支配体制は終わってくれたほうがいいと思っているんです。独裁政権であれだけ人権を無視し、人民を搾取する体制ですからね。

さっきの議論にもあったように軍閥が割拠する状況になるだけかもしれませんが。

宮崎　あるいは、ユーゴが七分裂したように、大分裂するかもしれません。それは結局タイミングと列強の少数民族運動への支援状況にもよると思いますが。

馬渕　よく危惧《きぐ》されることですけど、共産党支配が崩壊したときに、中国から難民が押し寄せてくるといわれるんですけど、私は金持ちはともかく庶民の中国人は日本にはそんなに来ないと思っています。彼らの多くは逃げ出そうにも旅費を工面できないでしょうから。それにもともと中国の庶民は知らない外国へ行くことを好みませんし、とくに農民はどんな事態になっても土地にしがみつくでしょう。

だから、中国からボート・ピープルが、大挙日本に押し寄せることはまずありえません。私たちは、中国が混乱してもけっしてあたふたしないことです。不安を煽るメディアに注意することです。

いま、中国経済の先行き不安から日本の株式も下がっていますが、日本のＧＤＰに占める対中輸出の割合はたかだか七～八％でしょう。たとえ対中輸出が全部なくなったとしても、日本経済への影響は大したことはありません。

にもかかわらず、日本の株式が下落しているのは、そういった日本の対中依存度に関係なく、主として外国人投資家が先行き不安心理に乗じて、日本株の売り買いを繰り返して儲けているにすぎないのです。

私たちは静観していればよいのですよ。

宮崎　そのとおりです。そして同時に私たちの期待どおりにはならないというのも真実でしょう。

おわりに　市場の裏側で何が起きているのか

香港は中国の「グローバリズム」の試験場だったが……

対談相手の馬渕睦夫元ウクライナ大使は、国際経験の豊かな人、それでいて日本の伝統文化の尊さ、守るべき価値とは何かをつねに追求しておられる。氏と共通する関心分野や問題は多いが、必ずしも全ての事柄で認識が一致しているわけではなく、微妙な相違点が浮かび上がった過程は読者にはすでにおわかりいただけたと思う。

いちばんの争点はグローバリズムとは何か、戦前の社会主義、その主知主義と極端な類似性があり、しかしジャーナリスト、エコノミストらの不勉強とメディアの皮相な報道によって、私たちも幾分かは洗脳され、また一部には誤解もあった。それらの問題点が、この小冊対談を通じて鮮明となった。

さて筆者（宮崎）は、この本のゲラを抱えながら急遽、香港へ飛んだ。中国株と人民元の暴落に連動して香港市場が激しく振動しはじめていたため現場を取材する必要が生じたからである。

香港はアジアの金融センターであり、株も外貨取引も自由、もっともグローバリズムが旺盛《おうせい》なマーケットである。

ところが、九七年に中国に返還され、制度は五十年保障するといわれながらも、徐々に共産党の言論統制が厳しくなり、外国メディアの情報を除いて香港メディアの多くが北京の顔色をうかがうようになった。つまり中華思想による排外主義の台頭が見られるようになったのだ。

一月（二〇一六年）下旬に香港に滞在中、現地のメディアを読むと、「えっ？」と声をあげるほど北京の代理人的な新聞が目立った。なかでも『文匯報《ぶんわいほう》』と『明報』は新華社とほとんど変わらない。いつのまにか香港の言論の自由も脅かされているのである。

『りんご日報』は北京に批判的だが芸能とスポーツ記事が主力であり（たとえばＳＭＡＰの解散騒ぎなど一面トップ）、政治論評はお世辞にも一流とはいえず、老舗《しにせ》の「サウスチャイナ・モーニング・ポスト」は奥歯に物の挟まった曖昧《あいまい》な表現（同紙はアリババの馬雲《ジャック・マー》が買収するので、北京批判がおとなしくなってしまった)。

市場が自由であるためには、情報に透明性、客観性が付帯してなければならない。それが自由という体制の鉄則である。

それはともかく香港メディアが連日のように猛烈な批判を加えていたのが世界一の投機家といわれるジョージ・ソロスだった。

可笑しな話である。すでに世界市場をかき荒らした「クォンタム・ファンド」を畳んだソロスになぜ批判の矢が向かうのだろう?

香港の左翼メディアは北京のマスコミと同様な視点から株暴落も人民元安も「仕掛けているのはジョージ・ソロスだ」と断定し、しかし「中国はかれらの陰謀投機を跳ね返す自信がある」と合唱しているのである。

これは問題のすり替えである。決して中国がグローバリズムを代表する価値観に、ナショナリズムで対決するという図式ではないのだ。

市場に国境はいらないとしてグローバリズムの先端を走ったジョージ・ソロスら禿鷹ファンドが上海株安を仕掛け、いまは人民元崩落のために空売りをしているという陰謀的論理は現場で起きている現実とたいそう乖離《かいり》して成立しにくい

たしかにソロスはかつて英国ポンド、ドイツマルクに挑戦したから、その昔話でも思い

出したのだろう。しかし一九九七年アジア通貨危機のときに、ソロスの投機を跳ね返して香港ドルと人民元の崩落を防いだように、断固としてヘッジファンド筋の空売りに打ち勝つ、と香港通貨当局と北京は戦闘的な物言いを続けているのである。

そこで思いあたったのは東、南シナ海における中国の開き直りの論理だった。

東シナ海にリグ（石油プラットフォーム）が十六基、ガスを採掘している風情はなく、レーダー基地化するのは見え見えで日本政府が抗議すると「ことを荒立て、問題を複雑にしているのはすべて日本政府の責任だ」と開き直った。

あの開き直りとすり替えの論理を思い出したのだ。

南シナ海の人口島建設と滑走路建設に米国が抗議すると「域外国は口を挟むな」といい、アセアンの主要国が強く抗議すると「もともと古来よりの中国領、文句あるか」と傲然と開き直った。こうした論理的すり替えがお家芸の中国ゆえ驚くほどのことでもないが、やはり人民元安、株暴落の原因は破天荒に自滅的なギャンブルを繰り返した、中国の自業自得の結果である。

外国ファンドへ責任を転嫁するのは独裁体制の得意芸とはいえ、市場の現実を客観的に分析すれば、むしろ欧米の禿鷹ファンドの手口を真似て、上海株の空売り、通貨投機を背後で画策したのは、欧米留学帰りで香港で怪しげなファンドを運営する太子党の連中である。

しかし、仮想敵をでっちあげ、問題の本質をそらす必要が中国にあるのだ。

香港の新聞スタンドでも、こうした論調のもと、表紙がジョージ・ソロス、週刊誌『壱』はジョージ・ソロスの右腕だったジム・ロジャーズがカラーの表紙だった。

株暴落の犯人をいうなら習近平《しゅうきんぺい》ではないのか？

ソロスは九七年から発生したアジア通貨危機でタイ・バーツとマレーシア・リンギに先売り投機を仕掛けた。悲鳴をあげたマレーシアは取引を停止し、ついには外国への資金送金を規制するなど当時のマハティール首相の豪腕によって最悪の危機を脱した。

通貨が「商品」として取引されるとなれば、その取引量とメカニズムが脆弱な通貨は狙われやすい。

このとき、ソロスは香港ドルもたしかに狙ったが、当時もいまも香港ドルは米ドルペッグ制であり、投機目標としては魅力に乏しく、まして当時の人民元は紙くずでしかなく投機するに値しない通貨だった。したがって「あのときも香港当局がソロスらを撤退させたのだ」と言い張る中国系メディアの自慢話は過剰な誇張表記である。

原油市況をみれば簡単に納得がいく。

一バレル二六ドル台などと極端な値崩れも需給関係によらず、投機筋の先安を見込んだ空売りと、買い戻しの繰り返しの結果、起きていることである。あくまでこの稿の執筆時点（一六年二月初旬）の情報データから判断するなら原油取引にはまだ空売りに余地があるため、もう少し原油相場は下がるだろう。実需とは無縁のメカニズムが構築されているからだ。

同様に米ドル、ユーロ、日本円、そして英ポンドも通貨が投機目的の「商品」でもある以上、相場の乱高下は繰り返される。このメカニズムに準拠するブラジル・レアル、南ア・ランド、カナダドル、豪ドル、ＮＺドルなども人民元と並んで下落の最中にある。

ソロスを敵視するマスコミ（写真・宮崎）

ソロスのダボス会議発言に猛反発して

変動相場制ではなくドルペッグを採用する香港ドルや人民元は投機筋の攻撃に耐えられる。なぜなら利便性に限界があり、市場が限定的だからだ。換言すれば人民元には国際性、利便性がない。香港ドルは国際通貨の片隅にあるといっても発行上限枠を設けた地域通貨だから、最近はむしろ人民元の乱高下に連動する弱みがある。

人民元は需給関係と金利で為替レートが策定される特徴があり、年初来の株安、通貨安は当局のマネーサプライの異常な膨張に連動していることは明白、ソロスならずとも先行きは通貨暴落である。

つまり昨夏からの人民元安はジョージ・ソロスとは何の関係もない。ソロスがなぜ、中国によって目の敵にされたかといえばダボス会議の発言への激しい反発からなのである。

一月のダボス会議でソロスは次のように発言した。

「中国経済のハードランディングは不可避である」と。

また上海株安を仕掛けて儲けたのもジョージ・ソロスだと中国は難癖を付けたが、ソロスが中国企業株を売却したのは「米国市場」である。先行きが真っ暗となったアリババ、百度《バイドゥ》など通信関連の保有株ぜんぶを売り抜けたのだが、上海でも香港でもなく、米国に上場している中国企業株であり、繰り返すようだがソロスが上海株暴落の震源とも仕掛け人ともいえないのである。

中国株の下落、人民元の崩落は基本的にソロスとは無関係なのだ。

年初来三週間、世界の投資家は人民元安と株価暴落の中国によってパニックに陥った。

世界の反応は中国の金融政策に透明性がないことへの批判だった。

ラガルドＩＭＦ（国際通貨基金）専務理事は「世界が求めているのは透明性と安定性であり、とりわけ人民元とドルの為替コントロールだ」と述べた。対して日銀の黒田東彦《はるひこ》総裁は「中国は国内金融を緩和し、他方で金融政策を管理して通貨を安定させるべきである」としたが、ラガルドは黒田の示唆（安定に外貨準備を使うのも手段）に対して「外貨準備をすでに中国は通貨の安定に使っている。それほど有効ではない」とした（ラガルドは次にフランス大統領を狙っているほどの野心家ゆえ政治的思惑が発言に含まれている）。

公式統計で中国の外貨準備は二〇一五年だけでも五一七〇億ドルが流出している。『ブルームバーグ』の想定では「二〇一六年末に、二兆六六〇〇億ドルまで減るだろう」という（一五年末の公式統計による中国の外貨準備高は三兆三三〇〇億ドル）。

その数字さえ怪しい。クレディ・スイスのダイジャン・チィアムは「ＧＤＰ六・九％成長など誰も信じていないように、中国経済はまさにハードランディングに直面している」と悲観的な見解を提示した。

中国人民銀行は一月二十六日と二十八日に公開市場操作（オペ）を通じて、実質的に五九〇〇億元の資金をばらまいた。邦貨換算で一一兆二〇〇〇億円の大盤振る舞いだった。

春節（旧正月）を前に、資金需要の活発化に対応するためで年初来、人民銀行のオペは五回にわけて行われた。こうして資金供給が肥大化すれば通貨価値が下がる。連動して株も下落する。

香港とマカオでは爆買いの象徴だった「周大福」（それこそ五十メートルおきに一軒、宝飾品、ダイヤモンド、金のコイン）、「周生生」、そして「六福」のいずれもがらんと客足がなかった。マカオの博打場は往年の三分の一、火の消えた静けさだった。

火の消えた静けさといえばもう一人、周小川《しゅうしょうせん》中国人民銀行総裁である。「ミスター元」と国際的にいわれる周が、この乱高下激しい時期に沈黙しつづけたのである。市場が荒れた日に、米国ではイエレンＦＲＢ（連邦準備制度）議長が沈黙することはありえないし、日本でも日銀総裁が記者会見するだろう。

しかも周小川は中国人民銀行総裁のポストに十四年間も在職しており、その影響力は計り知れないばかりか、従来は重大な政策決定にともなって公式の場で何回も説明を果たしてきた人物ではないか。

その周が公式な発言を回避しつづけたのだ。テレビにも出演せず、国際会議に出なくなった。ダボス会議にも欠席した。二〇一五年八月十一日の人民元切り下げ直後の記者会見でも副総裁を出席させ、自らは発言を控えた。つまり数カ月も周小川は公式の場から逃げており、ラガルドＩＭＦ専務理事らは「大事なときに細かなコミュニケーションのとれない中国銀行だ」と批判的である。

中国の中央銀行は名ばかりであり、実際の政策決定は周小川ら国際的金融システムを理解しているテクノクラートの進言、助言を無視して、習近平の「政治的判断」で決まる。すなわち歴史解釈と同じように経済政策は政治に従属する。

テクノクラートの限界であり、現在の中国経済の沈降、停滞、クラッシュを前にして、責任を取らされては適わないという自責と、中国経済失速後に批判の標的として犠牲の山《や》羊《ぎ》にもされかねない政治的環境から、慎重にリスクを判断し、公的発言を忌避しているのである。

換言すれば中国がグローバリズムを拒否しつづける以上、世界市場とは遊離した相場形成、それも政治相場が続くということでもある。

さて最新のデータによれば、「中国の債務はGDPの二九〇％。対して消費は伸びず、対GDP比で四〇％に過ぎない」（『フィナンシャル・タイムズ』二〇一六年一月二十四日）。「オフショア市場から外資が次々と去っており、現在の中国当局の金融政策（通貨、為替を含む）は、むしろ懸案の国有企業の改変を遅らせている」

そして香港でも不動産価格の崩落が始まった。

香港で筆者は不動産屋を数軒からかってみたが、ほぼ全員が仏頂面《ぶっちょうづら》をしていた。地下鉄駅の出入り口で物件のチラシ、ティッシュペーパーを配っているが誰も見向きもしない。

サラリーマンの住宅需要はあるが、とくに悪いのは億ションである。売れ行きが止まっていた。こうした現象から判断して、「終わったな」という印象をさらに強くした。繁華街のオースチン路に不動産業者が集中しており、日本と同様にガラス一面にビラが貼られている。新築マンションの売り出しがあれば、競って応募してきた無数の投資家がいた（彼らは手付け金を打って権利を手にするや、転売する目的。それほど香港の不動産は投資対象としても価値が高かった）。

すでに香港財閥一位の李嘉誠《りかせい》が中国大陸の保有物件をすべて二年前に「高値売り逃げ」し香港でも新規投資を控え、英国へ投資対象を切り替えている事実から、間もなく香港で異様な不動産投機ブームは終わると予測してきた。業界二位のヘンダーソンランドもエネルギーなど異分野への参入を本格化させており、ホテルの新規投資もほとんど目立たなくなっていた。

「香港の不動産価格は九一年以来、最大の下げ幅だが、これからもっと悪くなる」（『サウスチャイナ・モーニング・ポスト』二月三日）。

ことほど左様に中国経済の見通しは真っ暗闇となって、日本市場に跳ね返る。日本はナショナリズム喪失中だから、国際的な嵐の前に立ちつくすしかないという脆弱さを伴っている。

ましてや世界史的展望に立てば中東に大激変が起こり世界は第三次世界大戦前夜の様相、まだまだ市場は戦争を睨《にら》んで荒れに荒れるだろう。

そのとき、私たちはどういう原則に立脚するべきか、この小冊で馬渕大使と追求した。

宮崎正弘識

平成二十八年二月

［略歴］

宮崎正弘（みやざき・まさひろ）

1946年金沢生まれ。早稲田大学中退。「日本学生新聞」編集長、雑誌『浪曼』企画室長を経て、貿易会社を経営。82年『もうひとつの資源戦争』（講談社）で論壇へ。国際政治、経済などをテーマに独自の取材で情報を解析する評論を展開。中国ウォッチャーとして知られ、全省にわたり取材活動を続けている。中国、台湾に関する著作は5冊が中国語に翻訳されている。代表作に『中国壊死』（宮脇淳子との共著）『日本が在日米軍を買収し第七艦隊を吸収・合併する日』『日本と世界を動かす悪の孫子』（いずれもビジネス社）、『「中国の終わり」にいよいよ備え始めた世界』（徳間書店）『中国大分裂』（ネスコ）、『出身地で分かる中国人』（ＰＨＰ新書）など多数。最新作は『突然死の危機に陥る中国と韓国』（徳間書店、室谷克実との共著）。

馬渕睦夫（まぶち・むつお）

1946年京都府生まれ。京都大学法学部3年在学中に外務公務員採用上級試験に合格し、1968年外務省入省。1971年研修先のイギリス・ケンブリッジ大学経済学部卒業。2000年駐キューバ大使、2005年駐ウクライナ兼モルドバ大使を経て、2008年11月外務省退官。同年防衛大学校教授に就任し、2011年3月定年退職。2014年4月より現職。金融、財政、外交、防衛問題に精通し、積極的な評論、著述活動を展開している。著書に、『新装版 国難の正体』『日本「国体」の真実』（ビジネス社）、『世界を操るグローバリズムの洗脳を解く』（悟空出版）、『アメリカの社会主義者が日米戦争を仕組んだ』（ＫＫベストセラーズ）、『「反日中韓」を操るのは、じつは同盟国・アメリカだった!』（ワック）『世界を操る支配者の正体』（講談社）、『いま本当に伝えたい感動的な「日本」の力』（総和社）など多数。

世界戦争を仕掛ける市場の正体

2016年3月18日　　第1刷発行

著　者　宮崎正弘　馬渕睦夫

発行者　唐津 隆

発行所　株式会社ビジネス社

〒162-0805　東京都新宿区矢来町114番地 神楽坂高橋ビル5F
電話　03(5227)1602　FAX　03(5227)1603
http://www.business-sha.co.jp

〈装幀〉大谷昌稔　〈本文組版〉エムアンドケイ　茂呂田剛
〈印刷・製本〉中央精版印刷株式会社
〈編集担当〉佐藤春生　〈営業担当〉山口健志

ISBN978-4-8284-1870-4